O Grande Reset!

A Verdade sobre a Agenda 2021-2030, Novas Variantes Covidas, Vacinas e o Futuro Separatismo Médico

-

Controle da mente - Domínio mundial - Esterilização Exposta!

Rebel Press Media

Isenção de responsabilidade

Nossos outros livros

Confira nossos outros livros para outras notícias não relatadas, fatos expostos e verdades desmascaradas, e muito mais.

Junte-se ao exclusivo Rebel Press Media Circle!

Você receberá novas atualizações sobre a realidade não relatada, entregues em sua caixa de entrada todas as sextas-feiras.

Inscreva-se aqui hoje:

https://campsite.bio/rebelpressmedia

Introdução

O homem transhumano a ser integrado ao sistema de controle digital global, 'Biosensor nanotecnológico 5G implantável já em 2021 nas vacinas Covid-19'.

O braço de desenvolvimento tecnológico do Pentágono, DARPA, e a Fundação Bill & Melinda Gates estão colaborando com a empresa de tecnologia Profusa no desenvolvimento de um biosensor nanotecnológico implantável feito de hidrogel (substância similar a uma lente de contato macia). Este biosensor, que é menor que um grão de arroz, pode ser injetado junto com uma vacina e é aplicado logo abaixo da pele, onde realmente se funde com seu corpo. O componente nanotecnológico permite o monitoramento remoto de todas as informações sobre você, seu corpo e sua saúde via 5G. O biosensor, que também pode receber informações e comandos, deve ser aprovado pela FDA no início de 2021 - bem a tempo para a campanha global de vacinação Covid-19 planejada.

DefenseOne escreveu sobre este biosensor de hidrogel em março, que é "inserido sob a pele com uma agulha hipodérmica". Entre outras coisas, ele contém uma molécula especialmente projetada que envia um sinal fluorescente assim que o corpo começa a combater uma infecção. A parte eletrônica ligada a (/in) a pele detecta este sinal, e então envia um alerta para um médico, um site ou uma agência governamental. É como um laboratório de sangue na pele que pode captar, mesmo antes de haver outros sintomas como tosse, a resposta do corpo à doença".

Portanto, não é difícil adivinhar por que este sensor pode ser considerado de grande importância pela elite na (assim chamada) luta contra o Covid-19. Qualquer pessoa que tenha este biosensor - inamovível - injetado em seu corpo será colocado em quarentena pelo governo na menor infecção, e poderá estar sujeito a outras medidas coercitivas, mesmo que a pessoa em questão não esteja doente, nem apresente sintomas do mesmo.

O Biosensor monitora todas as funções corporais e as transmite via 5G

Ao usar hidrogel, o biosensor não será visto pelo corpo como um intruso e atacado, mas sim integrado a ele. Além disso, segundo a empresa, o sensor pode não só detectar infecções, mas também monitorar os níveis de oxigênio e glicose em seu sangue, bem como seus níveis hormonais, seu ritmo cardíaco, sua respiração, sua temperatura corporal, sua vida sexual, suas emoções - em resumo, TUDO. Através do 5G, todas estas informações podem ser transmitidas em breve a todas as autoridades médicas e políticas.

Profusa está atualmente realizando um estudo com o Colégio Imperial, também financiado por Bill Gates, que se tornou infame por suas previsões ridículas de desgraça em relação ao Covid-19, que logo se revelaram totalmente falsas. No entanto, foi com base nelas que foram feitos os bloqueios, o distanciamento social, a destruição parcial da economia e a eliminação de muitas liberdades civis associadas.

Humanos transhumanos a serem integrados ao sistema de controle digital global

O biosensor, que pode portanto ser incorporado às vacinas Covid-19 já em 2021, chega muito perto de realizar a aspiração de um ser humano transhumano, no qual todos são totalmente controláveis e até mesmo orientáveis. O "novo humano", ou o humano 2.0 como previsto pela elite tecnológica em torno de Bill Gates e Elon Musk, será gradualmente transformado em uma espécie de cyborg entre agora e 2025-2030, e se tornará parte integrante - e portanto irreversível - de um sistema de controle digital global, no qual as liberdades pessoais terão desaparecido completamente, e mesmo o livre arbítrio humano terá sido retirado.

Não é por nada que chamamos a isto o sistema da "Besta". Pela primeira vez na história, a tecnologia avançou ao ponto em que as profecias bíblicas sobre o "sinal da Besta" podem ser plenamente realizadas e cumpridas.

Este livro é uma compilação de nossos artigos publicados anteriormente e de novos artigos para expor as vacinas com o contexto adequado, sobre temas como despovoamento e controle mundial pela elite globalista, se você gostaria de saber mais sobre temas como o grande reset, aconselhamos que você leia também nossos outros livros e os compartilhe com todos os que lhe são caros.

Queremos alcançar o maior número de pessoas possível, por isso continuamos publicando nosso conteúdo, para garantir que se um título for ignorado, o outro título ainda receba a atenção, estes assuntos precisam.

Se queremos vencer esta guerra contra a humanidade, temos que informar a todos sobre a realidade do que está acontecendo neste momento!

Tabela de Conteúdos

Capítulo 1: Agenda 21

O Estado nacional, a liberdade e sua voz estão sendo completamente destruídos" - "Somente a resistência em massa pode deter esta agenda anti-humana, que já está sendo implementada".

Café Weltschmerz publicou uma entrevista com um reconhecido especialista americano sobre a Agenda 21, que pode ser resumida como uma tomada de poder que eventualmente colocará o mundo inteiro sob uma ditadura comunista tecnocrática, na qual indivíduos e povos não terão nenhuma palavra a dizer, nem mesmo sobre sua própria saúde e vida. Com o embuste do Covid-19, a próxima fase deste golpe de fato contra nossa liberdade, democracia e direito à autodeterminação já começou. Portanto, o Café Weltschmerz não coloca "A agenda oculta por trás da destruição de nossa sociedade" para nada - uma destruição que também está sendo realizada deliberadamente pelos governos mundiais.

O jornalista independente Spiro Kouras (Posto Ativista) entrevistou a diretora executiva do Instituto Pós Sustentabilidade, Rosa Koire, uma especialista em uso de terras e direitos de propriedade que fez discursos ao redor do mundo. Seu trabalho pode ser encontrado no website Democratas Unidos Contra a Agenda21 da ONU, um website que estava inacessível no momento em que foi escrito.

Koire é também autor do livro "Behind the Green Mask - UN Agenda 21". A Agenda 21 foi assinada por 178 países e pelo Vaticano em 1992. Com esta agenda, uma elite de poder globalista quer ganhar controle total sobre toda a terra,

9

água, vegetação, minerais, construção, meios de produção, alimentos e energia. A aplicação da lei, educação, informação e o próprio povo também devem estar sob este controle total.

Agenda 2030: etapa intermediária na destruição do Estado-nação e da liberdade

Além disso, grandes somas de "dinheiro" devem ser transferidas dos países desenvolvidos para os países menos desenvolvidos. Em última análise, trata-se de destruir sua capacidade de ter uma voz, um governo representativo". Os governos nacionais se transformam em administrações. "Sua capacidade de ser livre e independente está sendo completamente destruída. O objetivo é transferir o poder de pessoas locais e individuais para um sistema global de governo. É um plano para interromper e destruir o sistema existente. É um plano de transformação e controle, e é isso que estamos experimentando agora".

A Agenda 2030 é apenas um passo intermediário na Agenda 21, assim como 2020, 2025 e 2050 são. Até 2050, com a ajuda e apoio de grandes nomes globalistas como Ford, Rockefeller, Soros, Gates, Zuckerberg, Musk, o Papa, e por último, mas não menos importante, Rothschild, este plano pérfido deve ser completado. Até 2050, todos os Estados-nação devem ser abolidos e a população mundial concentrada em uma série de megacidades que podem abranger estados e países inteiros (assim como a Holanda, juntamente com a Bélgica e o Ruhr alemão, deve se tornar uma grande cidade).

Isto tem o objetivo de esmagar sua capacidade de controlar o que acontece com você. É um plano global, mas está sendo

10

implementado localmente sob diferentes nomes". Isto é feito deliberadamente para desviar a atenção das pessoas dos objetivos reais.

Na verdade, tudo o que se chama "verde" e "desenvolvimento sustentável" se enquadra na Agenda 21. Isto inclui 'mudança climática', ou seja, todos os acordos e iniciativas climáticas, e certamente o Covid-19 . Uma crise global requer uma resposta global', é a idéia deles. E isso justifica uma governança global".

A mudança climática e a corona p(l)andêmica 'são projetadas para enviar as pessoas ao pânico, tão ruim que você literalmente teme que não sobreviverá a ela'. Se realmente existe ou não uma crise climática não é relevante, de acordo com Koire. Ela funciona tão bem que teria sido inventada de qualquer maneira (de fato, ela É inventada, concebida, no início dos anos 90, que está literalmente escrita em documentos da ONU).

O "Grande (Verde) Reset

Skouras então aponta para o "Grande (Verde) Reset" lançado no Fórum Econômico Mundial em Davos. Koire responde que ela "não quer ser alarmista", mas está muito preocupada com o fato de que este "Reset" esteja agora sendo impulsionado, independentemente do custo para as pessoas e para a sociedade. No entanto, eles estão ficando atrás de sua Máscara Verde, porque uma vez que ela se solta, as botas e trincheiras dos soldados saem". Literalmente. Veja também nosso artigo de 4 de dezembro de 2019: A ONU pode usar a força militar contra países que recusam a agenda

11

climática" (/ "A ONU pode enfiar medidas extremas na garganta das pessoas" - os participantes da conferência climática de Madri querem acordos duros para quebrar a prosperidade e a liberdade na Europa).

Chegamos agora a um ponto em que os que estão no poder quase não se importam com as objeções e preocupações do povo. "Essa é uma espécie de mensagem deles para nós, que eles não se importam mais conosco". Parece que não há mais muito que possamos fazer, mas Koire acredita que ainda é possível.

A tecnologia avançou ao ponto de dois grandes objetivos, a vida eterna e a capacidade de criar vida por conta própria, terem chegado muito perto. Estas pessoas não têm limites éticos, o que é muito preocupante. Você viu isto com os nazistas, com Stalin, e agora. Não há literalmente nada que detenha estas pessoas".

Tudo e todos estarão conectados digitalmente

Na "Quarta Revolução Industrial" que agora puseram em marcha, tudo e todos devem estar conectados digitalmente. Eles estão falando de um novo contrato social. Bem, com um contrato, normalmente ambas as partes têm algo a dizer sobre ele. Mas este é um contrato onde nenhum de nós tem uma palavra a dizer. Esta é uma das razões pelas quais vemos toda esta histeria nas ruas. Isto é porque é uma lição, uma comunicação para nós: isto é o que acontece com você se você tomar as ruas e se atrever a se opor ao nosso plano".

As pessoas me perguntam: quem está fazendo isso conosco? Esse é o seu governo. O seu governo foi assumido". Com a ajuda de grupos e movimentos como Antifa e Black Lives Matter, está sendo feita uma tentativa de desencadear uma revolta. "Estamos sob ataque". Esta foi a razão pela qual Koire virou as costas para o Partido Democrata. Mas os partidos são apenas uma distração. No topo, o poder não conhece nenhum partido. Nesta tomada de poder globalista, todos os meios possíveis estão sendo utilizados. O plano é interromper e perturbar, e isso é o que todos estão vendo agora. Este é o plano para destruir a coesão social, e isso é muito bem sucedido".

Ela chama a situação agora de "extremamente perigosa" porque este plano é apoiado por universidades, fundações, empresas e agências governamentais. Todas estas partes foram doutrinadas, desde o jardim de infância até a educação universitária. Estes são os 'agentes de mudança' que foram ativados'.

'Transformação' = demolição do indivíduo

A palavra mágica amplamente utilizada é "transformação", tanto da educação, como da economia, da polícia e da sociedade. Transformação é, na realidade, quebrar o indivíduo, de sua aliança com qualquer sistema 'antigo', como sua família, seus pensamentos 'antigos', ou sua fé... É uma técnica psicológica que realmente quebra sua personalidade, e depois a reconstrói (de acordo com seus novos padrões)".

O termo "racismo institucional" também usado pelo governo europeu é "apenas uma desculpa para destruir literalmente sua mente". Mao Tse Tung usou-o, Sung usou-o, assim como os nazistas. É uma técnica pela qual sua personalidade é quebrada, a fim de reconstruir você como o novo ser humano, o novo cidadão do mundo".

O ser humano deve fundir-se com a A.I.

Neste processo, A.I. (inteligências artificiais) também entra em jogo. Uma força policial A.I. (global) A.I. está chegando, não composta de humanos. Além disso, os zangões não serão mais controlados por humanos, mas por A.I. "Não tenho que explicar que então você terá uma situação realmente perigosa". A Nova Zelândia recentemente lançou oficialmente seu primeiro policial A.I., e em Cingapura eles estão agora usando robôs inteligentes para impor o distanciamento social.

Skouras: 'Esta é essencialmente uma agenda anti-humanitária, onde eles querem fundir o humano com a máquina (IA)'.

Através das medidas Covid-19, todos foram declarados inimigos potenciais uns dos outros. A idéia é que você não confie mais nem mesmo em seus familiares e amigos mais próximos. Ao mesmo tempo, nossa saúde também está sendo degradada, o que Koire diz ser uma parte muito importante do plano da Agenda 21. Este é o plano para inventariar e controlar tudo, incluindo seu DNA (daí a insistência do governo de que o maior número possível de pessoas seja testado para o Covid-19 - isto permitirá que seu DNA seja coletado e armazenado imediatamente)".

Com seu "status de crédito social" como na China e logo nos EUA e Europa, você tem que "provar" que é um cidadão leal e obediente que é "digno" de continuar a viver na nova ordem. O sistema, naturalmente, vem fazendo isso há algum

tempo, favorecendo certas pessoas talentosas, que o resto
então tem que pagar. O sistema chinês vai ser implantado
em todo o planeta.

Vacina contra o despovoamento

Os chineses também concordaram, nos anos 90, em
trabalhar com os EUA em uma vacina contra o
despovoamento". Eles foram em frente com isso? Essa
vacina está sendo "vendida" para a humanidade sob um
nome diferente (talvez uma vacina Covid-19?)? De qualquer
forma, 'o despovoamento é uma parte essencial do plano'.
Se for determinado que você não tem valor suficiente, e/ou
está ocupando muito espaço, usando muita energia, muita
água, muita terra, então você deve ser 'isolado' e
relocalizado.

A grande maioria da humanidade será forçada a viver em
("multicultural") megacidades, onde todos os aspectos de
nossas vidas serão controlados e gerenciados 24/7/365. Este
plano tirará literalmente toda a liberdade de vocês por
completo. E isto não se trata de um plano para o futuro, mas
é algo que já está acontecendo neste momento. Portanto,
isto não é apenas em 2030 ou 2050. 2020 é realmente um
ano muito importante. Muitos destes planos estão sendo
implementados agora a nível regional".

Fomos maciçamente enganados por nossos líderes e seus
conselheiros", disse o Dr. Mike Yeadon, ex-vice-presidente da
Pfizer, em entrevista à Stiftung Corona Ausschuss da
Alemanha, há pouco menos de duas semanas. O que estou
prestes a dizer chocará a todos". Yeadon advertiu que a
constante "recarga" de vacinas corona, como agora parece
ser a intenção (a "assinatura da vacina" como uma vez a

chamamos no ano passado) não só é totalmente desnecessária, mas também ameaçadora, porque todas estas vacinas não passarão pelo processo normal de aprovação. "Seqüências genéticas serão injetadas diretamente nos braços de centenas de milhões de pessoas". Isto pode causar ferimentos graves e morte em uma proporção significativa da população mundial".

O imunologista e especialista em órgãos respiratórios Yeadon - que, a propósito, está longe da Pfizer há cerca de 10 anos - disse ter encontrado "um número muito grande de mortes" após as vacinações corona "sem coincidência". Ele chamou de "arrogante" dos fabricantes de vacinas assumir que estas novas vacinas, que instruem o corpo a produzir um pico de proteína do vírus corona, não causariam grandes problemas, pois estudos científicos já haviam demonstrado o perigo de que esta tecnologia causaria uma resposta (auto-)imunológica muito forte demais em muitas pessoas, o que poderia deixá-las gravemente doentes ou mesmo matá-las. Os últimos três meses mostraram que este é de fato o caso.

Todas estas vacinas genéticas (Pfizer-AstraZeneca-Moderna) representam um risco fundamental para a segurança da população", advertiu ele.

Por causa da má conexão, o Dr. Reiner Füllmich, um dos chefes do comitê alemão, resumiu o que ele havia dito. Segundo o Dr. Yeadon, o que está acontecendo agora é um crime muito grave, cometido por "maus atores", nossa própria elite política e autoproclamada "científica"... A proteína spike é biologicamente ativa, e é replicada precisamente pelas vacinas. Isto causa uma reação auto-imune, como uma tempestade de citocinas. Vários milhares de pessoas já morreram por causa disso na Europa. Em Israel, mesmo 40 vezes mais pessoas com mais de 80 e 260 vezes mais jovens já morreram com a vacina do que com a Covid-19. De todos os outros países, recebemos relatórios semelhantes'.

"Todas as vacinas estimulam seu corpo a fazer essa proteína de pico, e isso não é uma coisa boa para você... Ela é biologicamente ativa, inicia processos biológicos e faz com que certas funções corporais sejam totalmente interrompidas ou mesmo destruídas', repetiu Yeadon.

Os efeitos das vacinas podem ocorrer após dias, semanas, meses ou mesmo anos

Depende do sistema imunológico da pessoa e da reação de suas células às instruções genéticas se esses efeitos ocorrem imediatamente, a curto prazo, ou apenas a médio ou longo prazo. Portanto, as pessoas que são vacinadas agora e dizem "nada acontecerá", definitivamente não são seguras. Os efeitos podem ocorrer amanhã, no próximo mês, no próximo ano, ou mesmo depois de alguns anos. Se eu fosse uma instituição (médica) eu não forneceria mais estas vacinas", enfatizou Yeadon.

Enquanto isso, dezenas de milhões de europeus e mais de 100 milhões de americanos já foram injetados com eles, e não parece que os políticos vão sequer considerar se estas "vacinas" embaladas como engenharia genética são realmente tão "seguras" como os fabricantes afirmam.

O Dr. Füllmich reiterou então as palavras de Yeadon de que as "vacinas" que estão sendo dispensadas agora não são na realidade vacinas, mas "algo completamente diferente". Ela só é classificada como vacina porque é usada como vacina". No entanto, não são vacinas, mas substâncias que equivalem à terapia genética, à manipulação genética. O pior é que muitos (graves) efeitos colaterais podem não estar ligados a estas substâncias, precisamente porque são falsamente usadas como 'vacinas'.

Primeiro passo é a conscientização, segundo passo: agir

Ainda podemos parar com isso? A conscientização é o primeiro passo da resistência", diz Koire. 'A ação é o segundo passo'. As pessoas precisam entender que agora estamos condicionados a permanecer passivos e a pensar que se pressionarmos 'como' nas mídias sociais, seremos politicamente ativos. Mas você não é um ativista político se não sair de sua casa'. Daí todos estes bloqueios e distanciamento social - eles querem declarar a oposição em massa a esta demolição da Agenda 21 e ao plano de controle total ilegal e impossível antecipadamente.

E não diga que seu governo é tão ruim que não há nada que você possa fazer a respeito. Tenho certeza de que parece assim, mas isso é porque você deixou que chegasse até aqui. Não vai melhorar se você simplesmente deixar isto continuar. É por isso que pensamos que você realmente precisa "ocupar" seu governo (ocupar, também "apreender", "ocupar", ou "ocupar"). Seja seu governo. Sim, estamos no jogo final, e não nos resta muito tempo. Portanto, você deveria ter feito isso há algum tempo'.

As pessoas precisam começar a reconhecer a Agenda 21, mesmo em sua própria localidade e região. Traga-a para o seu conselho local. Converse continuamente com os representantes do povo sobre ela. Provavelmente cada item

18

da agenda de sua prefeitura está ligado à Agenda 21". Ela aconselha as pessoas a olharem seu website e lerem seu livro para que "você descubra como eles manipulam a opinião pública, para que você não lhes cause problemas". Eles querem que você fique em casa em sua cadeira'.

Assim, agir, falar com pessoas e autoridades, distribuir folhetos, compartilhar vídeos, escrever e publicar sobre o assunto. Porque apenas saber que isto está acontecendo, sem fazer nada a respeito, não é mais suficiente. Você tem que se tornar politicamente ativo e estar preparado para não assumir imediatamente tudo deles". Por exemplo, eles querem começar a substituir a realidade por VR (realidade virtual), porque isso tornaria a vida muito mais divertida.'Mas assim que você começar a fazer isso, sua vida está acabada. Portanto, você tem que resistir'.

Não acredite na Wikipédia, Agenda-21 é uma agenda anti-humana

"Onde quer que você trabalhe, onde quer que você esteja, fale sobre isso". Muitas pessoas não vão gostar disso, e não vão gostar mais de você (não mais). Mas que assim seja, porque este plano é real e está sendo implementado agora mesmo, quer queiramos quer não. "A Agenda 21 NÃO é o que a Wikipédia lhe diz. NÃO é voluntária, e não 'não vinculativa'. Para você, este plano é obrigatório.... Portanto, vamos combater isto juntos. Devemos todos nos opor a ele'.

Eles estão vendendo-o como algo que irá melhorar e salvar o mundo, o clima, o meio ambiente. Mas (Agenda 21 / 2030) é uma agenda anti-humana que está sendo implementada

19

agora mesmo. Não queremos seguir por esse caminho escuro, esse caminho para a tirania'.

Memorando falso prevê bloqueio permanente dentro de algumas semanas

Um chamado memorando do governo britânico indicaria que o país entrará em bloqueio permanente já em 3 semanas ou em agosto porque - apesar das vacinações em massa - espera-se uma "terceira onda", principalmente com a variante do Delta Indiano. O documento, cuja autenticidade não pode ser confirmada e que provavelmente é falso*, foi escrito pelo famoso alarmista Dr. Neil M. Ferguson, que foi desacreditado por seus modelos pandêmicos completamente desmascarados do ano passado, no qual ele previu pelo menos meio milhão de mortes somente na Grã-Bretanha.

Capítulo 2: A loucura do mRNA

Esta é uma bomba relógio mundial: Qualquer indivíduo vacinado acabará sofrendo efeitos prejudiciais, e a autópsia das pessoas vacinadas confirma que o mRNA e as proteínas dos picos se movem para todos os órgãos", diz um especialista em doenças infecciosas.

Várias investigações científicas desacreditaram decisivamente a alegação de que as vacinas Covid-19 residem apenas no tecido muscular, o que persiste há meses. Agora, uma autópsia em uma pessoa falecida vacinada revelaria que as instruções genéticas do mRNA, semelhantes à proteína spike criada pelas vacinas, se propagavam por todo o corpo a todos os órgãos. "Isto significa que, em última análise, QUALQUER pessoa vacinada experimentará sérios efeitos colaterais", disse um médico horrorizado de Nova Jersey que não queria ser identificado por medo de retaliação.

Como este mRNA converteu pessoas vacinadas em "fábricas de picos" permanentes, os efeitos serão quase certamente irreversíveis. Como resultado, ele conclui: "Esta é uma bomba relógio mundial".
A autópsia de um homem vacinado com Covid é relatada como a primeira de seu tipo, revelando que o "RNA viral" foi identificado em praticamente todos os órgãos do homem falecido de 86 anos 24 dias após sua injeção.

Quando não há Covid e um teste negativo, um ADE é acionado por uma combinação de vírus de vacina letal.

A saúde do homem se deteriorou após seu primeiro tiro de Pfizer em 9 de janeiro, necessitando de hospitalização após 18 dias. Ele não tinha nenhum sintoma clínico Covid e seu teste também deu negativo.

Como resultado, "nenhuma anormalidade morfológica relacionada ao Covid" foi descoberta em seu corpo, de acordo com o relatório post mortem.

O jovem de 86 anos pegou Covid de outro paciente na unidade, de acordo com as autoridades médicas, mas a autópsia mostra que os danos em seus órgãos ocorreram antes de ele ser admitido. Isso deixa apenas uma causa possível: a vacinação. E quando o homem foi infectado no hospital, ele não teve chance, sofrendo uma reação de ADE, que muitos cientistas independentes (incluindo o Professor Pierre Capel) e especialistas vêm alertando há meses.

A vacina mRNA produz o vírus RNA?

A vacina não conseguiu evitar que o vírus infectasse todos os órgãos", explica Hal Turner, um radialista americano. No entanto, outra possibilidade é que o 'RNA viral' foi realmente produzido pela vacina mRNA.

Finalmente, todas as vacinas aprovadas no Ocidente instruem o organismo a gerar a proteína do pico do vírus. Somente esta proteína de pico - propositadamente projetada para melhor se conectar aos receptores humanos ACE2 - é responsável por todos os danos à saúde, de acordo com um recente estudo da Pfizer no Japão, e se espalha por todo o corpo após a imunização, até mesmo para o cérebro, como mostrado em um recente estudo da Nature Neuroscience.

Em conclusão, a conclusão lógica é a seguinte:

* se o corpo estiver rebentando pelas costuras com 'RNA viral', o que teria matado o paciente

* ... foi demonstrado que apenas a proteína do pico é o componente nocivo do vírus.

* e as vacinas de mRNA dizem ao corpo humano para produzir essa proteína de pico.

* de uma forma que o faz aderir às células humanas ainda melhor do que a proteína do espigão viral.

* O paciente morreu como resultado de um ADE trazido pela proteína do espigão.

* Ele não tinha Covid-19 quando foi admitido com preocupações de saúde 18 dias após sua vacinação, portanto deve ter vindo (principalmente) da vacina.

As pessoas que continuam a assegurar aos outros e a si mesmas que foram "vacinadas há meses e não têm

nada com que se preocupar" devem se lembrar que as
repercussões dessas modificações intencionais de DNA
são semelhantes ao câncer, na medida em que podem
se desenvolver rapidamente, mas também lentamente.
Apenas um problema: uma vez lá, ele não vai embora
por si só.

As vacinas já estão tendo um impacto no julgamento?

Nós apenas escrevemos: "Não tem nada com que se
preocupar" É possível, entretanto, que algumas pessoas
que foram vacinadas o façam? Recebi uma mensagem
de um conhecido que disse ter tentado de tudo para
evitar que dois de seus amigos conseguissem a vacina.
Mas foi em vão. Ambos os amigos foram vacinados
apesar disso; um está agora continuamente correndo, e
o outro teve que ser hospitalizado devido a trombose
grave (informações anônimas publicadas com
permissão).

E, você adivinhou, os médicos envolvidos declararam
que não era possível vinculá-la à vacina mesmo antes
do diagnóstico e do exame. E, estranhamente, as
vítimas também acreditaram nisso. Claro que tudo isso
é conjectura, mas será que essa incapacidade de pensar
claramente, de tomar decisões sólidas e de tirar
conclusões poderia ser o resultado de danos cerebrais
induzidos por essas mesmas vacinas?

Bomba relógio em escala global

Quando ele viu o relatório pós-morte, um especialista em doenças infecciosas em Nova Jersey alegou estar atordoado. As pessoas acreditam que apenas uma pequena porcentagem dos receptores de vacinas sofre efeitos colaterais. Como estas proteínas de pico se ligam aos receptores ACE2 em todo o seu corpo, este estudo sugere que todos acabarão experimentando efeitos negativos".

"Esse mRNA deveria ter ficado onde foi injetado, mas não ficou. Como resultado, as proteínas do pico produzido pelo mRNA acabarão em todos os órgãos". E sabemos que o dano é causado por esta proteína do pico".

Capítulo 3: Falsas propagandas de notícias

Como seis meses de Fake News absolutamente afetam você' - Qual é a 'lógica' por trás do teste PCR e o suposto aumento da incidência de 'infecções'? : 'A terra é redonda, assim como uma panqueca. Como resultado, o mundo é uma panqueca" - A vacina Oxford Covid foi desenvolvida em células renais embrionárias humanas que tinham sido geneticamente modificadas.

Professor (em.) de Imunologia Pierre Capel inicia seu último 'curso' no YouTube com a idéia de que' seis meses de Fake News podem transformar você completamente'. Se lhe perguntassem há um ano se você seria geneticamente modificado porque estava aterrorizado com a gripe, o que você diria? Qual você acredita que foi sua resposta? Mas, depois de seis meses de Fake News, você mudou de idéia e disse: "Sim, por favor"! Mas você sabe o que é a modificação genética viral? Não, não tenho idéia, mas "é nossa única esperança, certo?

Capel também cita um boletim oficial da OMS de 14 de outubro de 2020, afirmando que a IFR (taxa de mortalidade entre os doentes) para toda a população até os 70 anos de idade é de apenas 0,05%, e a corona é a mesma da gripe sazonal, mesmo entre os idosos.

(Naturalmente, a mídia corporativa está cuspindo uma nova dose de terror hoje, proclamando em grandes manchetes que "entre março e junho, morreram mais

168.000 pessoas na UE do que o previsto". Basta olhar para as estatísticas oficiais européias sobre o EuroMOMO (especialmente a linha pontilhada vermelha com "aumento substancial") e você verá que esta é mais uma manchete enganosa e flagrantemente manipuladora projetada para mantê-lo em um estado constante de pânico para que você não pense no que realmente está acontecendo. Não é uma grande preocupação se houver um surto de vírus.

"Vamos falar sobre algo que não existia, notadamente a segunda onda", diz Capel. Ele se refere aos números oficiais, que mostram que não havia mais pacientes Covid registrados no final de junho. Depois as pessoas enlouqueceram com os testes PCR. Então você testemunha um surto maciço de 'infecções', mas isto é realmente verdade? Se isto fosse verdade, deveria haver um aumento significativo no número de pessoas que morrem. No entanto, não há nenhuma".

De uma pandemia comum a um surto de caso falso

Tivemos uma epidemia que continuou como a gripe e passou até junho; depois de junho, tivemos uma "epidemia de casos", que é uma epidemia de testes PCR puramente positivos que, como você sabe, não podem mostrar nenhum vírus, produzem 94% de falsos positivos e, portanto, não dizem nada sobre se alguém está infectado, muito menos se está doente.

A imagem era a mesma em todos os países: na primavera, experimentamos "uma típica infecção respiratória viral sazonal", que acontece todos os anos. A Covid-19 segue o mesmo padrão que a Covid-1 até 18. "No momento, há muito poucas internações hospitalares e na UTI, assim como muito poucas mortes". O teste PCR é a única maneira de identificar a segunda onda'.

Em seguida, de forma simples e acessível para qualquer pessoa com um ano ou mais de ensino médio, ele explica como funciona tecnicamente um teste PCR. Essencialmente, o teste de PCR (por esfregaço nasal/garganta) toma uma pequena quantidade de RNA e o amplifica exponencialmente: após 35 rounds, 1 molécula metafórica foi aumentada em meio bilhão de vezes. Tipicamente, uma terminaria após 20 rounds.

A Segunda Onda do ano passado foi composta inteiramente de "infecções" inúteis e não comprovadas.

Quando você considera quantos testes estão sendo realizados ao mesmo tempo, você pode ver como há uma criação de cartilhas que não pode ser levantada para torná-la totalmente pura. Isso é uma grande tarefa, e vai custar muito dinheiro'. A OMS queria saber se é assim que você mostra um vírus; NÃO é; você só mostra um pequeno pedaço de vírus - sem infecção, sem vírus vivo.

A OMS decidiu que os testes demorados com três primers (suspeitos) do vírus eram muito caros e demorados, portanto dois primers foram eliminados e o terceiro primer foi testado apenas para 35 rounds. Um teste de PCR normalmente tem um multiplicador de até um milhão. Mas como não havia testes positivos suficientes, eles aumentaram o número para mais de meio bilhão! E se seus primers não estiverem limpos, bem...'.

Dito de outra forma, não houve pandemia, mas o governo se sentiu obrigado a se preparar para uma, independentemente disso. E foi por esta razão que o uso generalizado de testes PCR foi posto em marcha.

Antes de tudo, o teste PCR não fornece nenhuma informação sobre a viabilidade do vírus. É apenas um fragmento de RNA que pode ser de um vírus, mas também pode ser de um vírus que você teve há três anos ou outra coisa qualquer. É aí que tudo fica imunizado", diz o narrador. Ele então exibe os números oficiais da OMS mais uma vez. A infeliz realidade é que esta é a Europa.

O número de "infecções", como eles as chamam, é representado pela linha azul. Portanto, é o teste PCR que deu positivo". As linhas verde (hospitalizações) e vermelha (mortes), por outro lado, não seguem a linha azul, e permaneceram em grande parte inalteradas por meses.

29

A terra é redonda, uma panqueca é redonda; assim, a terra é uma panqueca".

O Código Vermelho e o bloqueio do ano passado foram baseados na linha azul, o que apenas mostra quantas pessoas foram testadas". Se lhe chamarmos uma segunda onda, isto é! Como resultado, um "teste PCR positivo" não tem nada a ver com o conceito de infecção. É semelhante à seguinte equação: "O mundo é redondo, assim como uma panqueca". Como resultado, a terra é uma panqueca'.
Sim, mais algumas pessoas ficaram doentes com infecções respiratórias no ano passado, mas isto acontece a cada ano (a partir do outono).

O excesso de mortalidade (por influenza, rinoceronte, corona, RSV e outras doenças) foi de 7500 em 2016-2017, 9400 no ano seguinte, e 6130 em 2019-2020. Podemos observar agora que a "segunda onda" genuína de 2020, baseada em indivíduos genuinamente doentes e não em testes PCR inúteis, é a primeira onda de queda típica de pessoas doentes. O que estamos observando em outubro de 2020, é principalmente o "vírus rinoceronte" (vírus do frio).

Por um (1,5) metro, distanciamento social, máscaras faciais e lockdowns não funcionaram.

De acordo com estatísticas internacionais, todas as "medidas" (1,5 metros, máscaras faciais e lockdowns) são ineficazes por um único metro. Poderíamos passar horas exibindo gráficos demonstrando que a (história oficial) está incorreta. De acordo com a mídia, a Suécia, o malandro da classe, quase não tomou medidas, deixou tudo em aberto e permitiu que a sociedade continuasse como de costume". E o que você acha que está vendo? "É o mesmo gradiente", diz o narrador (com um pico ainda muito mais baixo que os países com os mais rigorosos lockdowns, Itália, Grã-Bretanha e Espanha).

Outro exemplo claro são os 47.600 pubs populares no Reino Unido. É bastante impossível manter uma distância de 1,5 metros; máscaras de rosto não são usadas, e a ventilação é freqüentemente pobre. Com uma média de 1.000 conexões por bar a cada semana, o número total de contatos "ruins" é espantoso: 618.800.000 a cada semana. Que efeito isto tem sobre o número de pessoas doentes e mortas? ZERO. Não há nenhum efeito! Se as máscaras e 1,5 metros fossem verdadeiramente eficazes, o número de doentes e mortos teria disparado. Nada, porém, aconteceu.

Depois disso, ele exibe um vídeo de um teste que ele realizou com numerosas máscaras faciais. É óbvio que todas as versões usadas pelo público em geral são tão porosas quanto uma peneira. Não há nenhum efeito detectável nas estatísticas das nações que tornaram obrigatórias as máscaras de face, como a Polônia e a Áustria. Como resultado, as máscaras de rosto são inúteis.

E quanto aos um metro e meio? Nada poderia estar mais longe da verdade". Durante meses, houve um debate sobre se as gotas grandes ou pequenas são melhores (aerossóis). Os aerossóis desempenham um papel fundamental, de acordo com um estudo RIVM 2010. Nesse caso, é preciso manter uma distância de 10 metros em vez de 1,5 metros. Isso não faz sentido algum. O distanciamento social destrói toda a sociedade, mas não faz nenhuma diferença para o Covid'.

As medidas são ineficazes contra os vírus, mas são eficazes por medo.

As gotículas de nevoeiro são significativamente maiores que os aerossóis, mas você as observa caindo dentro de 1,5 metros quando viaja pela floresta? Não! Os aerossóis flutuam no ar. A importância da ventilação não pode ser sobrestimada. No exterior, os problemas são menores, e depois que a epidemia termina, as dificuldades no interior são menores (mas estão relacionadas à ventilação)".

"Como resultado, podemos dizer que as contramedidas do vírus são ineficazes". Mas o que elas fazem exatamente? No pavor! Sobre as ações das pessoas e as interações sociais. Tudo está arruinado!'. Nos países menos ricos, ele produz pobreza generalizada e outras misérias (desemprego em massa, grande número de indivíduos doentes). Agora eles estão morrendo como ratos em nações como Índia e Indonésia. "Mas, enquanto não estiver aqui", acrescenta sarcasticamente o Capel.

Não é uma vacina; a proteína SARS-CoV-2 é inserida em seu genoma".

"No entanto, eles conceberam uma solução: A vacinação". As coisas já saíram do controle algumas vezes com estudos como a vacinação de Oxford (inflamação da medula espinhal / paralisia). Deve ser concebível...', continua Capel, sarcasticamente. Mas não é, no mínimo, uma vacina! É uma engenharia genética. É um adenovírus de um chimpanzé que eles ajustaram para permitir que infectasse humanos. Eles clonaram a proteína do espigão (a proteína para a qual a coroa interage) para esse vírus. Isto não é uma vacina; é apenas uma manipulação genética'. Ela foi gerada em células renais embrionárias humanas que haviam sido geneticamente modificadas.

Como eles fazem isso? SARS-Cov-2 é uma proteína que pode ser inserida em seu genoma e expressa em uma variedade de órgãos. Então eles simplesmente aguardam uma resposta imunológica para fazer efeito e fazem qualquer coisa. No entanto, ela tem o potencial de ficar fora de controle*. Se também virmos que embriões humanos estão sendo utilizados para isto, e que alguns genes tumorais estão sendo inseridos neles para fazê-los se desenvolver, podemos concluir que isto é simplesmente uma alteração genética".

33

(Qual é nossa perspectiva sobre o assunto? A próxima "pandemia" será causada pela vacina Covid, que será implantada em ainda mais rodadas de imunização. O objetivo final: todas as pessoas no planeta devem ser vacinadas e assim geneticamente modificadas regularmente, enquanto os "refratários" devem ser ostracizados e eventualmente eliminados).*

Toda a raça humana será geneticamente modificada a partir deste ano.

Assim, a partir deste ano, toda a população humana será geneticamente modificada em uma escala sem precedentes em todo o mundo. A vacinação é um eufemismo para este processo. Não é uma vacina; é uma mistura de bactérias ou proteínas de vírus ou fragmentos de membranas misturados com muito lixo para estimular o sistema imunológico. No entanto, se você injetar isso no corpo e causar uma reação, ela irá embora. A vacina de Oxford, por outro lado, não é uma vacina e não desaparecerá'.

Embriões humanos... HUMANOS que foram geneticamente modificados...

Como o coronavírus é propenso a alterações, não está claro se estas alterações também estão presentes na proteína do pico da vacina. Se este não for o caso (e as chances são bastante altas, se não perto de 100%), então esta 'vacina' é inútil.

Como resultado, em vez da vacinação, é empregada uma nova tecnologia: a alteração genética. Há muitos mal-entendidos sobre isto. Os testes em animais são omitidos com pressa, e todo tipo de coisas são gritadas, e isto se torna a "salvação" de tudo. Capel retrata uma imagem dramática de um teste nuclear acima do solo nos anos 50 nos Estados Unidos, com centenas de soldados observando a uma distância segura. Eles tinham sido avisados que "óculos de sol decentes" seriam proteção suficiente... (Nos anos 70, quase todos esses caras tinham desenvolvido leucemia e outros tumores).

Controle de multidões; a monstruosa campanha de desinformação da mídia

"Portanto, os procedimentos são ineficazes contra o vírus, mas são incrivelmente eficazes contra o controle de multidões". Essas medidas são admiráveis, mas para que propósito? Não tem nada a ver com o vírus. Além disso, há uma campanha de desinformação em andamento (pela grande mídia, a OMT e o gabinete). Somos constantemente agredidos com histórias bizarras, o que nos deixa a todos muito ansiosos, e seguimos cegamente todas as regras. Estas estão tendo um efeito, mas sobre o que elas têm um efeito".

Controle da população por um regime totalitário

Então, quais são os benefícios dos lockdowns, 1,5 metros, e tampas de boca? A fim de manter o controle totalitário sobre a população. Então você usa todo tipo de mentira para aterrorizar as pessoas. Então você induz enormes dificuldades e miséria através de lockdowns, tais como falências e fome".

Então você usa máscaras que não fazem sentido algum para incutir terror nas pessoas até o ponto em que elas pedem por isso. Se você aumentar o terror das pessoas, elas vão exigir mais ditadura, como George Orwell previu.

Big Pharma - Big Data - Big Banking - Big Reset - Big Scam!

Capel conclui: "Eu não sou um teórico da conspiração". Estas medidas, por outro lado, são prescritas internacionalmente a partir de uma única fonte: a OMS, que está ligada a outros sistemas (incluindo a parceria de vacinas GAVI de Bill Gates). Uma coisa que é óbvia é que esta 'vacina', esta manipulação genética, está gerando uma quantidade significativa de receita... O governo gastou anteriormente uma quantia significativa de dinheiro (centenas de milhões de dólares) em uma vacina que não existe. Esta é uma quantia substancial de dinheiro para a 'Big Pharma'.

"Então você percebe que todos são obrigados a ter um aplicativo, que pode ou não ser "lascado". Depois há 'Big Data', o novo ouro, e 'Big Banking', porque os fluxos de dinheiro serão totalmente alterados (digitalização completa do pagamento em / a partir de 2021).

Então, qual é o tamanho de um "Big Reset" e de um "Grande Esquema"? Tenho que dizer, isto é incrível, e eu nunca poderia ter imaginado, mesmo nos meus sonhos mais loucos".

Há uma insistência frenética nestas táticas, que funcionam muito bem para o controle de multidões e a desestabilização da sociedade, por isso agora estamos vendo serem aprovadas leis de emergência que eliminam totalmente a democracia".

Então, em março do ano seguinte, serão realizadas eleições, bem no meio do Covid-20 (ou Covid-21). Será que então eles alegarão que é por isso que não podem convocar uma eleição?

Capítulo 4: Logística do medo

O Dr. Hodkinson, presidente há 20 anos da empresa de biotecnologia que atualmente vende testes Covid-19, adverte que os testes não demonstram infecção clínica e culpa "a mídia e a histeria política".

Cada vez mais cientistas eminentes se pronunciam contra o que está sendo feito em nome do combate ao atual coronavírus, notadamente no Ocidente. O Dr. Roger Hodkinson, virologista e especialista em patologia, foi o ex-presidente do Comitê de Exame de Patologia do Royal College of Physicians of Canada em Ottawa, o CEO de um grande laboratório médico privado em Edmonton, e o CEO e diretor médico da Western Medical Assessments, um dos produtores de exames Covid-19, por 20 anos. A política corona da Western é "a histeria completamente injustificada", segundo o Dr. Hodkinson, e "o pior golpe jamais perpetuado contra o povo ingênuo".

O Dr. Hodkinson observou durante uma recente reunião pública de vídeo/áudio de um comitê do Conselho Municipal de Edmonton que o Covid-19 é "nada mais do que uma temporada de gripe". Este não é o vírus do Ébola. Não é o SARS (-1). É política vs. medicina, e isso é um jogo perigoso de se jogar".

A simples verdade é que a mídia e a política estão alimentando um frenesi público completamente sem fundamento". É ridículo. Este é o maior ardil jamais perpetrado contra o povo em geral'.

As máscaras faciais são absolutamente inúteis; nenhuma outra política é necessária".

O cientista enfatizou que não são necessárias outras medidas além do que é rotineiramente feito durante uma gripe sazonal. Quando estávamos doentes, ficávamos em casa e comíamos sopa de frango em vez de irmos ver a avó". Não precisávamos de alguém que nos dissesse se deveríamos ou não voltar ao trabalho'.

Ele afirma que os protetores bucais são absolutamente ineficazes. Não há provas de que eles funcionem... (máscaras) estão simplesmente lá para mostrar que são virtuosos... Você vê todas essas pessoas marchando como lemingues, obedecendo sem questionar e cobrindo suas bocas com um protetor bucal".

"Tudo precisa reabrir amanhã, e todos os testes têm que parar".

Ao mesmo tempo, a separação social é fútil. A covida é dispersa através de aerossóis que viajam 30 metros antes do pouso (*possivelmente 30 pés = aproximadamente 10 metros). As repercussões imprevistas dos lockdowns são horripilantes! Como foi dito na (assinada por dezenas de milhares de cientistas, médicos e outros especialistas) Grande Declaração*

Barrington, que disseminei antes desta reunião, tudo deveria estar aberto novamente amanhã".

Eu vendo (Covid) testes, mas gostaria de destacar com cartas de néon que resultados positivos de testes não implicam infecção clínica (como a mídia e os políticos afirmam fraudulentamente com suas estatísticas de 'infecções')! A menos que você se submeta ao hospital com uma doença respiratória, (os testes) apenas causam frenesi público e devem ser interrompidos...

Tudo o que devemos fazer é proteger os vulneráveis e fornecer de 3000 a 5000 I.E. de vitamina D a todos os pacientes de lares de idosos todos os dias, pois ficou demonstrado que isto diminui drasticamente o (risco de) infecção".

"O que está sendo feito agora é totalmente ridículo".

Lembro que, de acordo com os próprios dados de Alberta, a probabilidade de morte de pessoas com menos de 65 anos é de uma em 300.000". Vocês precisam lidar com isso. Dadas as ramificações, a escala de sua reação, que vocês estão empreendendo sem nenhuma prova, é completamente ridícula. Suicídios, encerramento de empresas, funerais, casamentos e outros eventos abundam. É ridículo, porque não passa de uma terrível gripe'.

"Deixem as pessoas fazerem sua própria escolha", concluiu Hodkinson, aconselhando os governos. Você

deve ser completamente ensurdecedoramente
ensurdecedoramente ensurdecedor O diretor provincial
de saúde pública o está enganando. Estou indignado
que tenha chegado a este ponto. Tudo deve chegar ao
fim amanhã.

Capítulo 5: Infertilidade da covida?

Com base nestes documentos oficiais, as mulheres que desejam ter filhos deveriam pensar duas vezes em ser vacinadas contra o Covid-19 - Comitê de Vacinação e Imunização do Governo Britânico: "A gravidez deve ser excluída antes da vacinação, e não estudamos as interações com outros medicamentos".

Os folhetos e as instruções de cuidado para a vacina Pfizer/BioNTech 'nano' mRNA, que será administrada à população britânica a partir da próxima semana, advertem explicitamente para não dar a vacina a crianças menores de 16 anos e mulheres grávidas: 'Antes de vacinar, a gravidez deve ser excluída'. Pessoas com defesas enfraquecidas - que não participaram das fases de ensaios clínicos - e aqueles que tomam medicamentos regularmente são 'aconselhados' a contatar um médico primeiro. As mulheres que têm a vacina injetada devem tomar cuidado para não engravidar durante os primeiros 2 meses após a segunda dose, que deve ser tomada 21 dias após a primeira.

Você pode estar dizendo: estes avisos não são assim tão anormais, são eles? Elas também são encontradas na maioria das embalagens de medicamentos comuns. De fato, elas são. Entretanto, estes são medicamentos destinados a pessoas que sofrem de uma doença ou condição, não a pessoas saudáveis, todas as quais deveriam agora receber uma vacina Covid.

O Comitê Conjunto de Vacinação e Imunização
aconselhou as mulheres grávidas e as que desejam
engravidar a não tomar a vacina de forma alguma. Isto
significa que a vacina simplesmente não é considerada
segura para estes grupos.

**Sem estudos de interação com outros produtos
medicinais.**

Os cuidadores recebem o aviso especial nestas
instruções de que os medicamentos e equipamentos
devem ser mantidos prontos "em caso de um raro
evento anafilático após a administração da vacina".
Recentemente relatamos que documentos oficiais
mostram que o governo britânico, no entanto, espera
"um número elevado" de reações adversas graves, as
chamadas A.D.R.'s (Reações Adversas a Medicamentos).
As A.D.R.'s incluem doenças graves, doenças e
incapacidades permanentes ou de longa duração, e
mortes.

Como com qualquer vacina, a vacinação com a vacina
Covid-19 mRNA BNT162b2 não protege todos os
recipientes da vacina. Não há dados disponíveis sobre o
uso desta vacina em pessoas que tenham recebido
anteriormente uma série completa ou parcial com outra
vacina Covid-19". Além disso, "não foram realizados
estudos de interação (com outros produtos
medicinais)". Ficará claro por que sublinhamos isto, pois

só na Alemanha, milhões de pessoas tomam um ou mais medicamentos todos os dias.

Há alguns com mais de 16 anos que experimentaram efeitos colaterais "leves a moderados" durante as fases de teste: 80+% tiveram dores no local da vacinação, 60+% experimentaram fadiga, 50+% dores de cabeça, 30+% dores musculares, 30+% calafrios, 20+% dores articulares e 10+% febre. Estes efeitos colaterais "geralmente foram embora alguns dias após a vacinação". Vermelhidão e inchaço do local da injeção e náusea também estavam entre os efeitos colaterais "freqüentes".

Sem testes com pessoas com o sistema imunológico enfraquecido

As pessoas com sistemas imunológicos comprovadamente enfraquecidos foram excluídas das fases de ensaios clínicos. Na segunda fase, embora 40% dos sujeitos de teste fossem pessoas com mais de 56 anos, as estatísticas realmente mostram que o Covid-19 quase não representa perigo para pessoas até 70 (a OMS confirmou IFR de apenas 0,05%). As pessoas com mais de 70 anos já foram testadas? Presumivelmente não, já que a maioria delas enfraqueceu ou mesmo não funcionou o sistema imunológico.

De fato, o próprio governo britânico nem mesmo tem certeza de que a vacina funcionará: "A vacina elicita tanto anticorpos neutralizantes quanto uma resposta imunológica celular ao antígeno spike (S), o que pode ajudar a proteger contra a doença Covid-19". (negrito e sublinhado, adicionado). Isto por si só anula a eficácia média de 95% durante as fases do ensaio clínico também relatada nestas instruções. Essa porcentagem também se baseia no teste PCR, agora totalmente desmascarado para este fim, que foi usado para testar os participantes tanto do grupo vacinado quanto do grupo placebo para ver se eles tinham sido "infectados".

Desconhecidos os efeitos sobre a fertilidade humana e o desenvolvimento

Mas isso não pára por aqui. As instruções aos prestadores de serviços de saúde declaram literalmente que "não se sabe se a vacina Covid-19 mRNA BNT162b2 afeta a fertilidade". Isto significa que há uma chance de que esta vacina possa torná-lo infértil".

Em 4.6 "Fertilidade, gravidez e lactação" é declarado que "não há, ou há uma quantidade limitada de dados do uso da vacina Covid-19 mRNA". Os estudos de toxicidade reprodutiva animal não foram concluídos. A vacina Covid-19 mRNA BNT162b2 não é recomendada durante a gravidez. Para mulheres em idade fértil, a gravidez deve ser excluída antes da vacinação. Além disso, as mulheres que podem dar à luz crianças devem ser aconselhadas a evitar a gravidez por pelo menos 2 meses após sua segunda dose".

Na seção 5.3 "Dados pré-clínicos de segurança" é reafirmado que "Dados não-clínicos não mostram nenhum perigo especial para os seres humanos com base em um estudo convencional com doses repetidas de toxicidade". Os estudos com animais sobre toxicidade potencial para a reprodução e o desenvolvimento não foram concluídos". (grifo nosso)

Deixe este afundar por um momento.

Os testes em animais para ver se esta vacina tem algum efeito sobre a reprodução, ou seja, reprodução e desenvolvimento, ainda não foram concluídos. Isto significa que não temos idéia (ainda?) se esta vacina afetará a reprodução e o desenvolvimento de qualquer pessoa que a receba. Ou talvez eles tenham uma idéia, e ficaram tão chocados com os resultados que decidiram não completar sequer os testes em animais?

Alegado informante da GSK: "A vacina causou 97% de esterilidade na fase de teste".

Em 21 de novembro, escrevemos em nosso artigo "Nano partículas na vacina Pfizer de acordo com o ministro De Jonge 'risco', mas a vacina estará lá de qualquer forma": O apresentador americano David Knight citou recentemente um denunciante da gigante farmacêutica GSK (link funciona novamente), que revelou que os chamados 'anti-HCG' (hormônio) adjuvantes nas vacinas corona causam 97% de esterilidade. De fato, durante um ensaio clínico da vacina GSK, 61 de 63 mulheres foram informadas como tendo se tornado inférteis.

Em uma variante desenvolvida para homens com um anti-GNRH (hormônio), os testículos encolheriam, os níveis de testosterona cairiam e o DNA mitocondrial no esperma seria destruído, causando infertilidade nas mulheres. Isto foi alegadamente observado durante os testes de vacinas em babuínos.

De acordo com o porta-voz britânico do Govote.org, do qual Knight mostrou um vídeo clipe, isto resultará em massas de pessoas morrendo de vacinas Covid-19 nos próximos anos, enquanto praticamente não nascerá mais nenhuma criança. "Se esta for a intenção deles, teremos uma redução maciça da população mundial, da qual Bill Gates vem falando há anos". É por isso que o Govote.org quer que as vacinas sejam testadas em laboratórios independentes.

"A vacina pode atacar as proteínas essenciais das mulheres tornando-as inférteis".

As vacinas do mRNA vão programar o próprio corpo para fazer anticorpos contra a proteína 'spike' do vírus SARS-CoV-2. As agora seguintes informações não confirmadas sobre isto precisam de mais estudo e verificação: 'As proteínas Spike também contêm protien homólogo sincítico, que são essenciais para a formação da placenta em mamíferos como os humanos'. Deve ser absolutamente descartado que uma vacina contra o

47

SARS-CoV-2 possa desencadear uma resposta imunológica contra a sincitina-1, pois de outra forma pode ocorrer infertilidade de duração indefinida em mulheres vacinadas".

A vacina contém um pico de proteína chamado syncytin-1, vital para a formação da placenta humana nas mulheres. Se ela (vacina) funcionar e assim formarmos uma resposta imunológica contra a proteína spike, estamos também treinando o corpo feminino para atacar a sincytin-1, o que pode levar à infertilidade nas mulheres.

Uma vez que estas vacinas nos são forçadas, mas mesmo assim lhe é dada total responsabilidade antecipadamente se as coisas derem errado, isto significa que se você, como mulher ou homem, de fato se tornar infértil por causa desta vacina, você é totalmente culpado. Afinal de contas, os fabricantes e as autoridades médicas já não se responsabilizam por isso. No entanto, você logo será punido se recusar estas vacinas, e poderá ser-lhe negado o acesso a aviões, edifícios, lojas e eventos. E isso provavelmente será apenas o início da exclusão social e social total.

Capítulo 6: Não mais liberdade

A Administração Federal de Segurança e Saúde Ocupacional (OSHA) dos EUA está avisando aos empregadores que eles serão responsabilizados por qualquer dano à saúde de seus funcionários se eles forem obrigados a serem vacinados contra a Covid-19. Isto pode se tornar uma questão complicada também na Europa, uma vez que o governo rejeitou antecipadamente toda a responsabilidade governamental e a colocou no prato dos prestadores de serviços de saúde. Se no final nenhuma agência quiser assumir a responsabilidade, então, em vista dos direitos humanos, estas vacinas não podem ser, direta ou indiretamente, uma condição para obter ou ter um emprego, ou acesso a edifícios e eventos, como é agora a intenção.

Se um trabalhador americano for for forçado a ser injetado com estas terapias experimentais do gene mRNA embalado como "vacinas" e posteriormente for cego ou paralisado, ou mesmo morrer, esta lesão será considerada "relacionada ao trabalho", o que tornará seu empregador responsável. As diretrizes também estabelecem que os empregadores são obrigados a registrar (graves) efeitos colaterais e reações adversas após as vacinas Covid em seus empregados.

A nova diretiva da OSHA foi publicada em 20 de abril, e foi uma resposta às empresas e instituições que anunciaram que todos os seus funcionários terão que ser vacinados, como a rede do Hospital Metodista em Houston. Aqueles que recusarem serão primeiro suspensos e depois demitidos.

As vacinas só têm autorização de emergência

Espera-se que esta organização hospitalar e muitos outros empregadores sejam processados se seguirem com estes planos e seus funcionários adoecerem ou morrerem posteriormente. De acordo com o sistema de registro VAERS, quase 200.000 americanos já sofreram danos à saúde devido às vacinas Covid-19, e quase 4.000 já morreram. Quase 20.000 foram gravemente feridos (doenças auto-imunes, paralisia, cegueira, a doença muscular ALS, Creutzfeld-Jakob, Alzheimer, etc.).

Os Médicos Frontline Americanos (AFLDS) advertem que as vacinas - como na Europa - têm apenas uma licença de emergência temporária, e só por essa razão não podem ser impostas a ninguém. A autorização de emergência da US Food & Drug Administration afirma especificamente que os indivíduos devem ter a livre escolha de aceitar ou recusar essas vacinas", explicou LifeSiteNews. Muitos apontam que qualquer demissão por recusa de vacinas prejudica absolutamente sua liberdade necessária".

Entretanto, o Tribunal Europeu de Direitos Humanos recentemente decidiu que as vacinações obrigatórias são legais. Ainda assim, mesmo na Holanda, nenhum trabalhador deve aceitar automaticamente que seu chefe exija a vacinação Covid-19 como condição para manter seu trabalho, ou continuar a fazer o trabalho para o qual você foi contratado.

Capítulo 7: Sem saúde

Alguns médicos são tão doutrinados e aterrorizados que eles mesmos culpam os doentes: "Meu empregador me pressionou muito para ser vacinado".

O Highwire, o programa americano de saúde na Internet de mais rápido crescimento que já tem mais de 75 milhões de telespectadores, recentemente concentrou a atenção em uma tendência preocupante nos EUA que também pode estar ocorrendo em outros países ocidentais. Na verdade, cada vez mais médicos se recusam a tratar pessoas que sofrem de efeitos colaterais graves e reações adversas após a vacinação com uma vacina Covid-19. A razão é óbvia: o establishment político e farmacêutico canonizou efetivamente estas vacinas manipuladas pelo gênero. Se as pessoas ficarem muito doentes ou até mesmo morrerem delas - nos EUA em 2021 já haverá 4000% mais vítimas da vacina do que em todo o ano de 2020 de todas as outras vacinas combinadas - então as instruções são que a culpa não pode e não deve ser da vacina. Os médicos que, no entanto, observam isto devem temer por seus empregos e carreiras.

Alguns médicos são tão doutrinados que eles mesmos culpam os doentes. Eles chamam as pessoas que sofrem graves efeitos colaterais após a vacinação de pacientes com um "distúrbio de conversão", com medo de colocar em seu prontuário que a vacina é a causa provável. (Ou, em outras palavras, "volte para casa, pequena senhora, porque está entre seus ouvidos").

Em 4 de janeiro, fui colocado sob grande pressão por meu empregador para ser vacinado", disse-me Shawn Skelton. Depois que ela cumpriu, ela experimentou imediatamente efeitos colaterais, tais como leves sintomas semelhantes aos da gripe. Mas, no final do dia, minhas pernas estavam doendo tanto que eu não aguentava mais. Quando acordei no dia seguinte, minha língua estava tremendo, e depois ficou cada vez pior. No dia seguinte, tive convulsões por todo o meu corpo. Isso durou 13 dias'.

Demasiado medo de nos tratar", dizem eles.

Um médico me disse que o diagnóstico era: 'Eu não sei o que há de errado com você, portanto culpamos você'", disse outro. Skelton elaborou. Os médicos simplesmente não sabem como lidar com os efeitos negativos da vacina contra o mRNA. Eu também acredito que eles estão aterrorizados com isso. Não sei por que nenhum médico quer nos ajudar".

Dois outros profissionais de saúde, Angelia Desselle e Kristi Simmonds tiveram experiências semelhantes. Elas também sofreram convulsões, e seus médicos também se recusaram a tratá-las. Um neurologista rejeitou a indicação por e-mail de Desselle para ele. Ele era um especialista em distúrbios do movimento, o que eu achei que precisava. Meu médico de cuidados primários

53

disse que parecia que eu tinha Parkinson avançado. Mas ele respondeu por e-mail que tinha tarefas muito complexas, e não podia me ver naquela época".

Como outros médicos também mantiveram a porta fechada para ela, ela foi a um neurologista sem mencionar que havia sido vacinada contra a Covid-19. Eu não queria ser mandada embora novamente. Mas está em meu prontuário médico, então quando olhou para ele, disse: "Então você tomou a vacina? E eu disse 'sim, mas eu não queria lhe dar essa informação porque preciso de ajuda'. Agora ela está finalmente recebendo tratamento para seus ataques de enxaqueca.
Na Europa, os médicos de clínica geral e especialistas estão sujeitos a regulamentações rigorosas.

Não sabemos se os médicos de clínica geral na Europa também se recusam a tratar pacientes vacinados que ficam indispostos. Eles estão, entretanto, proibidos de prescrever medicamentos comprovadamente eficazes e seguros a (suspeitos) pacientes corona, tais como hidroxicloroquina e Ivermectina. Nada deve ameaçar o programa de vacinação em massa "santo" - recuperação: programa de engenharia genética, afinal de contas.

Na Europa, os médicos de clínica geral e especialistas estão sujeitos a regulamentações rigorosas.

Não sabemos se os médicos de clínica geral na Europa também se recusam a tratar pacientes vacinados que ficam indispostos. Eles estão, entretanto, proibidos de prescrever medicamentos comprovadamente eficazes e seguros a (suspeitos) pacientes corona, tais como hidroxicloroquina e Ivermectina. Nada deve ameaçar o programa de vacinação em massa "santo" - recuperação: programa de engenharia genética, afinal de contas.

No início deste ano, o governo colocou qualquer responsabilidade pelas conseqüências das vacinações Covid sobre os ombros dos profissionais de saúde e das pessoas que são vacinadas com eles. Portanto, não é inconcebível que os profissionais de saúde e especialistas na Europa estejam relutantes em reconhecer, quanto mais tratar, as vítimas da vacinação como tal.

Capítulo 8: Agenda 5G

Os governos querem fazer passar a 5G porque ela permite que os cidadãos sejam rastreados e monitorados 24 horas por dia, 7 dias por semana, 365 dias por ano.

O número de cientistas que têm grandes reservas sobre a introdução do 5G está crescendo constantemente. O professor epidemiologista britânico John William Frank, da Universidade de Edimburgo, está pedindo que a introdução do 5G em todo o mundo seja suspensa por enquanto, até que tenha sido confirmado e provado independentemente que a tecnologia é segura e não representa perigo para a saúde Até agora, os governos têm confiado quase que exclusivamente em estudos das (ou patrocinados pelas) grandes empresas de tecnologia, e é claro que eles nunca colocarão em risco seus lucros de bilhões de dólares rejeitando seus próprios produtos.

O professor Frank não é contra a 5G, mas ele acha que muito pouca pesquisa foi feita sobre ela. É por isso que ele argumenta que é melhor errar por precaução, e congelar a implantação dos novos sistemas móveis de tráfego de dados por enquanto.

Há muito mais antenas e muito mais radiação de campos eletromagnéticos.

Frank, como muitos outros acadêmicos, escreve no Journal of Epidemiology & Community Health que a principal ameaça de 5G é a densidade maciça de antenas necessária para estas frequências extremamente altas. A cada poucos postes de luz, uma nova antena deve ser colocada, expondo as pessoas a ainda mais radiação eletromagnética (CEM). Uma comissão federal de especialistas nos Estados Unidos reconheceu os danos à saúde que as redes existentes, tais como 4G e WiFi, podem causar.

Apesar disso, quase nenhuma pesquisa epidemiológica confiável sobre o impacto de 5G na saúde humana foi realizada, de acordo com o professor. Além disso, 5G emprega não apenas frequências consideravelmente mais altas, mas também uma tecnologia de suporte inteiramente nova para lidar com volumes maciços de dados. Para que 5G funcione, bilhões de antenas e amplificadores de sinal devem ser colocados a cada 100 a 300 metros ao redor do planeta. Os próximos satélites 3.236 5G da Amazon, assim como os 12.000 a 30.000 Elon Musk planejam implantar em órbita, logo cobrirão áreas onde as antenas não são concebíveis.

Um número crescente de engenheiros, cientistas e médicos em todo o mundo está incitando os países a elevar seus padrões de segurança RF-EMF, encomendar mais e melhores pesquisas e interromper o aumento da exposição pública até que haja evidências mais fortes de que ela é segura".

O princípio de precaução dita que o desdobramento de 5G seja interrompido.

O professor Frank não está convencido de que a 5G e outros campos eletromagnéticos sejam prejudiciais à saúde e ao meio ambiente, apesar do fato de que a OMS e uma série de especialistas em tecnologia afirmam o contrário. Ele acredita que a propagação do 5G deve ser interrompida imediatamente devido ao "princípio da precaução". Não se deve correr riscos desnecessários quando se trata de saúde humana. Essa premissa deve ser motivo suficiente para "declarar uma proibição dessa (5G) exposição, enquanto se aguarda uma investigação científica adequada sobre os alegados riscos à saúde".

Ele continua explicando que não há necessidade de lançar 5G a uma velocidade rápida em termos de saúde pública e segurança. Isto está sendo feito principalmente porque a nova tecnologia proporcionará um impulso significativo para a indústria de Big Tech. Com a rede 4G existente, os consumidores não têm falta de conexões de dados móveis rápidas.

Os governos querem que a 5G seja implementada o mais rápido possível, a fim de ter um controle global completo.

Frank negligencia acrescentar que os governos são tão investidos em 5G quanto os gigantes da tecnologia e da mídia. A Fundação Bill & Melinda Gates e o braço de desenvolvimento tecnológico do Pentágono, DARPA, se uniram à empresa de tecnologia Profusa para desenvolver um biosensor nanotecnológico implantável feito de hidrogel (uma substância semelhante a uma lente de contato macia) que pode ser injetado ao lado de uma vacina e aplicado logo abaixo da pele, onde realmente se funde com seu corpo. Todas as informações sobre você, seu corpo e sua saúde podem ser controladas remotamente graças ao componente nanotech.

Como resultado, 5G permite um sistema de controle totalitário global com o qual as ditaduras do passado só poderiam sonhar. Ele permitirá que a localização, movimentos e ações de qualquer pessoa - e, num futuro não muito distante, pensamentos e emoções - sejam rastreados, monitorados e manipulados 24 horas por dia, sete dias por semana, enquanto todas as informações pessoais, como o status da vacinação e saldos bancários, serão imediatamente acessíveis. Inúmeras câmeras de vigilância com reconhecimento facial e verificações de status de crédito social estão ligadas a este sistema, assim como o sistema Microsoft (com patente no. 2020-060606) que converte seu próprio corpo em um meio de pagamento (e prova de identificação/vacinação) que já está em fase de teste.

Segundo alguns, uma distância de pelo menos um metro e meio é necessária para que este sistema funcione corretamente, pois os sinais podem ser interrompidos se os corpos estiverem muito próximos uns dos outros.

Não está claro se isto é verdade, mas sem distanciamento social, as câmeras de vigilância (e até mesmo os smartphones) terão muito mais dificuldade para escanear todas as testas em uma multidão em tempo real para a presença da enzima fluorescente M-Neongreen / Luciferase, a marca injetada que no futuro poderá servir como prova de que você foi devidamente vacinado e assim ter acesso à sociedade.

Existe uma teoria de conspiração?

Considerando que vários cientistas e outros profissionais afirmaram durante meses que 1,5 metros não faz diferença na suposta transmissão de um vírus, já é hora de mais pessoas se perguntarem por que a "separação social" deve continuar a ser imposta sem interrupção. Infelizmente, certas teorias de conspiração estranhas, como a de que 5G desencadearia o coronavírus, e atos terríveis, como incendiar torres de transmissão, poluíram preocupações reais para 5G (intencionalmente?).

Políticos, a indústria tecnológica e todos os meios de comunicação e revistas que confiam uns nos outros de alguma forma invariavelmente afirmam que todas elas são "teorias da conspiração", mas quando até a venerável Scientific American publicou um artigo em 17 de outubro de 2019, com o título "Não temos motivos para acreditar que 5G é seguro - Ao contrário do que algumas pessoas dizem, pode haver riscos à saúde".

Capítulo 9: Biosensores nanotecnológicos 5G

O biosensor nanotecnológico 5G implantável já em 2021 nas vacinas Covid-19" A humanidade evoluindo para o transhumano no futuro está integrada ao sistema de controle digital global.

A DARPA, braço de desenvolvimento tecnológico do Pentágono, e a Fundação Bill e Melinda Gates estão trabalhando com a Profusa para desenvolver um biosensor nanotecnológico implantado construído de hidrogel (substância similar a uma lente de contato macia). Este biosensor, que tem aproximadamente o tamanho de um grão de arroz, é injetado com uma vacina e colocado logo abaixo da pele, onde se mistura com seu corpo. Através do 5G, o componente nanotech permite o monitoramento remoto de todas as informações sobre você, seu corpo e sua saúde.

É provável que a FDA aprove o biosensor, que também pode receber informações e comandos, no início de 2021, bem a tempo para a campanha global planejada da vacina Covid-19.

Em março, a DefenseOne informou sobre um biosensor hidrogenado que é "inserido sob a pele com uma agulha hipodérmica". Ele contém, entre outras coisas, uma molécula especificamente projetada que emite um sinal fluorescente uma vez que o corpo começa a combater uma infecção. Este sinal é detectado pelo componente eletrônico ligado à (/in) pele, que posteriormente transmite um aviso para um médico, um website, ou uma agência governamental. É basicamente um laboratório de sangue baseado na pele que pode detectar a resposta do corpo a doenças, mesmo antes do aparecimento de outros sinais como tosse".

Todos os processos fisiológicos são monitorados por biossensores e transmitidos por mais de 5G.

O biosensor não será percebido como um intruso pelo corpo e atacado como resultado de seu uso de hidrogel, mas, em vez disso, se integrará a ele. O sensor também pode rastrear seus níveis hormonais, freqüência cardíaca, respiração, temperatura corporal, vida sexual, emoções e qualquer outra coisa, de acordo com o fabricante. Todos estes dados serão entregues em breve a todas as autoridades médicas e governamentais via 5G.

A Profusa está agora trabalhando em um estudo com o Colégio Imperial, que se tornou famoso por suas previsões ridículas de desgraça sobre o Covid-19, que rapidamente se provou serem completamente falsas. O bloqueio, o isolamento social e o colapso parcial da economia, bem como a remoção de muitas liberdades civis, foram todos fundamentados neles.

O ser humano transhumano está integrado ao sistema de controle digital global

O biosensor, que pode portanto ser incorporado às
vacinas Covid-19 já em 2021, chega muito perto de
realizar a aspiração de um ser humano transhumano, no
qual todos são totalmente controláveis e até mesmo
orientáveis. O "novo humano", ou o humano 2.0 como
previsto pela elite tecnológica em torno de Bill Gates e
Elon Musk, será gradualmente transformado em uma
espécie de ciborgue entre agora e 2025-2030, e se
tornará parte integrante - e portanto irreversível - de
um sistema de controle digital global, no qual as
liberdades pessoais terão desaparecido
completamente, e até mesmo o livre arbítrio humano
terá sido tirado.

Capítulo 10: Provas de Passaporte de Vacina

Mais de 70 parlamentares se mobilizam contra esta "abominável armadilha".

Em uma carta aberta ao Primeiro Ministro Boris Johnson, mais de 1.200 líderes cristãos britânicos lhe pediram para não adotar passaportes de teste e vacinação.

Na verdade, eles o rotulam como "a proposta mais perigosa de todos os tempos", já que se trata de "uma forma de pressão antiética" para forçar as pessoas a serem testadas ou vacinadas contra a Covid-19.

Várias denominações, incluindo anglicana e católica, têm líderes na igreja. Eles acreditam que os passaportes de teste e vacinas são os precursores de um "estado de vigilância", um estado de controle totalitário, e que eles porão um fim ao que resta da democracia liberal.

O governo de Londres afirma que nenhuma decisão final foi alcançada, mas todos os indicadores apontam para que estes passaportes de teste/vacinação cheguem em breve, assim como fizeram na Europa.

Inicialmente serão comercializados como um passaporte para mais "liberdade" (catering, eventos, compras, etc.), mas à medida que se tornarem mais prevalecentes, as normas se tornarão cada vez mais rigorosas, acabando por eliminar completamente as pessoas não testadas e não vacinadas da sociedade.

Apartheid médico" é um termo usado para descrever um sistema de discriminação médica.

Segundo os líderes da igreja, tais passaportes resultam em "apartheid médico". Ele estabelece um estado de vigilância no qual o governo controla certas partes da vida dos cidadãos através da tecnologia. No decorrer de alguns anos, esse "certo" ameaça ser expandido para TODAS as áreas.

Esta é uma das idéias políticas mais perigosas já feitas na história da política britânica", advertem os líderes das igrejas, que enfatizam que nunca negarão àqueles sem tal passaporte o acesso às suas igrejas, independentemente da decisão do governo.

"Discriminação" e "armadilha horrível" são duas palavras que me vêm à mente.

Mais de 70 legisladores britânicos protestaram abertamente contra os passaportes de teste/vacinação planejados no início deste mês. Eles afirmam que a necessidade de apresentar tal prova para entrar em um bar, por exemplo, é discriminatória. Isso também cria outras divisões sociais. (Em qualquer caso, toda a abordagem do Ocidente é baseada em "dividir para reinar").

O deputado conservador Steve Baker até chamou esses passaportes de "uma armadilha desagradável". O líder trabalhista Sir Keir Starmer expressou "grande alarme" sobre esta nova forma de discriminação que se aproxima.

Capítulo 11: Protesto = Terrorismo?

Ninguém quer ouvir, ninguém está autorizado a dizer, mas todos sabem onde isto pode acabar.

Enquanto a Europa caminha a todo vapor para a implementação da discriminação oficial, dividindo a sociedade em pessoas "boas" (testadas/vacinadas) e "más" (não testadas/não vacinadas), a primeira bola está sendo jogada nos EUA para o que é o objetivo final de coisas como passaportes vacinais: a remoção completa das pessoas "más" da sociedade. A conhecida revista Nature publicou um apelo para que a ONU e todos os governos tomem medidas duras para acabar com a "agressão anti-vax". Eis como você, como pessoa não vacinada, logo será visto e tratado: como um terrorista.

O fascismo de maníacos assassinos como Hitler e Stalin está retornando por completo. O pediatra texano Peter Hotez tornou-se um ídolo corona tão extremo que coloca as pessoas que criticam as vacinas em pé de igualdade com os ciber-criminosos e o terrorismo nuclear. Usando uma linguagem de guerra direta, ele apela para uma "contra-ofensiva" dos governos para atacar e silenciar qualquer pessoa que se oponha às vacinas.

A contra-ofensiva contra novas forças destrutivas

Parar a propagação do coronavírus requer uma contra-ofensiva de alto nível contra novas forças destrutivas", escreve Hotez. "Os esforços devem se estender às áreas de segurança cibernética, aplicação da lei, educação pública e relações internacionais. Uma força-tarefa inter-agências de alto nível reportando-se ao secretário geral da ONU poderia fazer um balanço do impacto geral da agressão anti-vacina e propor medidas duras e equilibradas".

Esta força-tarefa deve incluir especialistas que enfrentaram ameaças globais complexas, tais como terrorismo, ataques cibernéticos e armamento nuclear. De fato, a anti-ciência está se aproximando agora de um nível de ameaça semelhante. Está ficando cada vez mais claro que é necessária uma contra-ofensiva para promover as vacinações".

Polícia e militares contra oponentes de vacinas

Hotez fala de "ataques direcionados a cientistas" alegadamente cometidos por anti-vaxxers, mas não cita um único exemplo concreto. Para deter esta "agressão" fictícia, ele defende literalmente ataques direcionados (armados) aos anti-vaxxers. Na verdade, ele quer que o governo use a polícia e o exército para lidar com os críticos e refutadores de vacinas - na realidade, pessoas que se recusam a participar destes experimentos de manipulação de gênero, que, de acordo com estatísticas oficiais da UE, já fizeram um número enorme de vítimas.

Ao colocar este apelo ultrajante, a Natureza, que já estava completamente no bolso da máfia internacional da vacina, que agora está realizando uma monstruosa experiência genocida em toda a humanidade com a ajuda de quase todos os governos, perdeu sua credibilidade de uma vez por todas.

A violência grosseira contra as pessoas "erradas" é considerada ok novamente

A violência grosseira contra homens, mulheres e crianças inocentes é evidentemente considerada ok novamente. Há anos que alertamos contra o retorno e até mesmo a superação das décadas de 1930 e 1940, e agora está acontecendo. Se isto não for impedido, se as pessoas não se levantarem em massa contra este potencial pior crime contra a humanidade, vai acabar irrevogavelmente como aconteceu nos anos 40, ou seja, com "instalações" onde as pessoas "erradas" indesejadas são trancadas e colocadas na prisão para que o resto da sociedade possa se conduzir "com segurança" novamente.

Ou em outras palavras: com campos de concentração.

Enquanto as pessoas continuarem negando que uma repetição desta história horrível é possível, enquanto as pessoas se recusarem a enfrentar os paralelos arrepiantes com a Alemanha nazista, as forças globalistas de vacinação podem continuar sem obstáculos.

Os russos fizeram isso novamente

E "claro" também de acordo com Hotez "os russos" estão por trás de toda a "desinformação vacinal". Então esquecemos por um momento que a Rússia foi uma das primeiras a desenvolver uma vacina e começar a administrá-la a sua população.

Não importa, porque desde o ano passado os meios de comunicação ocidentais também lançaram definitivamente fora seu último fragmento de falsa independência e objetividade, e estão até orgulhosos de funcionar como os órgãos de propaganda do estabelecimento ocidental e do culto globalista da vacina contra o clima. A propósito, há anos escrevemos que "os russos" serão culpados por quase tudo, e isso tem o propósito de fazer com que você concorde - e até mesmo exija - a planejada Terceira Guerra Mundial contra a Rússia, e muito provavelmente também contra a China.

A humanidade governada por monstros inescrupulosos

Monstros inescrupulosos estão ao leme da humanidade, que, através da obediência cega e da docilidade incondicional, está sendo transformada passo a passo em um monstro igualmente inescrupuloso. Ainda não é tarde demais, mas resta muito pouco tempo para parar os testes obrigatórios e os passaportes de vacinação, seguidos de testes e vacinações obrigatórias, e depois a prisão e eventual remoção dos "errados" não vacinados - aos olhos de Hotez, os novos "terroristas".

Capítulo 12: Golpes de matança?

As baixas concentrações de proteína spike já alteraram os sistemas respiratório e imunológico das pessoas vacinadas - Indicações de que as pessoas vacinadas podem ser um perigo para os indivíduos não vacinados estão se tornando mais fortes -

Um governo que se preocupa com sua saúde suspenderia imediatamente as vacinas.

As críticas às vacinas Covid-19 também estão inchando a partir da ciência ativa estabelecida.

O Dr. Lee Makowski, presidente do departamento de bioengenharia da Universidade Northeastern, adverte na revista Viruses que há evidências crescentes de que a proteína spike, que é produzida pelo corpo humano sob as instruções de TODAS as vacinas corona, pode causar grandes danos à saúde e até mesmo a morte.

Políticos, mídia e agências como o CDC e o WHF afirmam que a proteína spike é "inofensiva", e as vacinas Covid que fazem com que o organismo produza esta proteína são "seguras".

No entanto, um número crescente de cientistas ativos estabelecidos está vendo mais e mais provas e provas de que exatamente o contrário é verdadeiro.

"Danos, infecções graves e morte por estas vacinas?

O título do artigo do Dr. Makowski na revista Viruses diz tudo:

As vacinas Covid projetadas para criar imunidade à proteína spike causam danos, infecções graves e morte?

Os pesquisadores descobriram que mesmo em baixas concentrações, a proteína spike induz mudanças genéticas no trato respiratório e afeta diretamente a resposta do sistema imunológico a inflamações e vírus. De fato, segundo o Dr. Makowski, parece que apenas a proteína spike é responsável pelos agora infames coágulos sanguíneos, ao invés do (suposto) vírus SARS-CoV-2 em si.

Se isto for confirmado por mais cientistas, então as vacinas Covid-19 - que independentemente de seu modo de ação (mRNA, adenovírus/vírus vetor, DNA) todas codificam a proteína spike - são ainda mais perigosas para a saúde humana do que os cientistas críticos já suspeitavam desde o ano passado.

As pessoas vacinadas estão se tornando pontos de infecção ambulante?

Além disso, está se tornando plausível que o Dr. Lee Merritt pode muito bem estar certo, e a proteína do espigão produzido nas pessoas vacinadas é transmissível a outros. Em outras palavras, as pessoas vacinadas tornam-se fábricas de espigões andantes, e assim poderiam também infectar pessoas não vacinadas com uma doença auto-imune nociva e potencialmente mortal.

Os cientistas do Sloan Kettering Institute soam outro aviso, igualmente terrível: o mRNA nas vacinas pode causar a supressão de proteínas que impedem o desenvolvimento do câncer. Assim, as vacinas Covid aumentam o risco de contrair câncer.

O Dr. Whelan da UCLA alertou a FDA sobre sérios danos à saúde

Em dezembro de 2020, o Dr. J. Patrick Whelan da UCLA advertiu a FDA dos EUA que a "proteína de pico viral que é o alvo das importantes vacinas Covid é também uma das principais substâncias que causam danos a órgãos mais distantes, possivelmente incluindo o coração, pulmões e rins".

O Dr. Whelan explicou que não é o vírus, mas a proteína spike que é responsável por algumas pessoas terem uma recuperação tão difícil da Covid-19, e muitas vezes continuarem a ter problemas de saúde a longo prazo, incluindo problemas cardíacos.

Isto porque a proteína do pico se liga aos receptores ACE-2 no coração, e também no cérebro e em outros órgãos como o fígado e os rins. Isto pode danificar até mesmo os menores vasos sanguíneos.

Whelan deixou claro para a FDA que o pico de proteína "dentro" das vacinas causa sérios problemas de saúde.

Patologistas e dentistas também apontam o pico de proteína como um culpado

O Dr. Richard Vander Heide, professor de patologia na Universidade Estadual de Louisiana, realizou autópsias em mortes por Covid-19 e chegou à mesma conclusão: os coágulos de sangue, que alguns dos falecidos estão cheios, são causados pela proteína do espigão.

As pessoas com excesso de peso estão especialmente em risco, pois freqüentemente sofrem de inflamação crônica.

Até mesmo os dentistas estão soando o alarme. Eles vêem pacientes anteriormente saudáveis agora recebendo inflamação gengival, e pensam que a proteína do espigão é o culpado.

A Pfizer está até fazendo experiências com crianças, bebês e crianças de colo

Um médico californiano de 40 anos de idade descreveu a primeira dose da vacina Pfizer em uma paciente como "matando o feto", fazendo com que a mulher abortasse seis dias depois.

Enquanto isso, o fabricante de vacinas Pfizer continua a demonstrar que não tem mais limites éticos.

Até mesmo crianças estão agora sendo usadas como cobaias para suas "vacinas" experimentais de terapia genética. Uma criança de dois anos já morreu devido a isso.

Conhecido há anos que o mRNA pode ser inalado

Sabe-se há anos que o mRNA pode ser exalado e inalado, e desta forma pode servir como uma vacina passiva. Isto significa que a proteína Covid spike, que é produzida pelo corpo humano após ter sido vacinada, pode escapar pela respiração e infectar pessoas não vacinadas", pergunta o Dr. Mark Sircus, professor de oncologia natural.

É um pensamento terrível que os lunáticos que criaram o vírus com experimentos de "ganho de função" estão indo de mãos dadas com lunáticos similares da indústria farmacêutica que estão usando sua vacina para espalhar proteínas de pico ainda mais amplamente por toda a população humana".

Um governo que tem sua saúde no coração pararia imediatamente de vacinar

Parece-me óbvio que qualquer governo que realmente tenha a saúde das pessoas no coração declararia uma moratória sobre todas as vacinas Covid neste momento, pelo menos até que mais pesquisas tenham sido feitas em todo o mundo, antes que estas vacinas terminem de fato em um massacre mortal do qual o mundo nunca tinha visto antes.

No entanto, o oposto é verdadeiro. O governo europeu está trabalhando em uma série de emendas (constitucionais) que devem tornar permanente a retirada de nossa liberdade e direito de autodeterminação, bem como preparar o caminho para as vacinações obrigatórias.

Se de fato chegarmos a isso, então provavelmente só podemos concluir que nosso próprio governo se declarou o maior inimigo da saúde pública, e está conscientemente ajudando a realizar um genocídio em potencial. Só podemos esperar que haja políticos e parlamentares suficientes em Bruxelas que (novamente) escutem sua consciência. Vários formuladores de políticas parecem ter perdido definitivamente sua capacidade de fazer isso.

Capítulo 13: Supressão do sistema imunológico

Covid-19 é "principalmente uma doença vascular", de acordo com pesquisadores - Circulation Research: A lesão pulmonar é auxiliada pela proteína spike - Seu sistema imunológico está trabalhando contra você para protegê-lo da vacina.

Em uma publicação científica, pesquisadores do famoso Instituto Salk, que foi fundado pelo pioneiro da vacina Jonas Salk, admitem indiretamente que as vacinas Covid induzem coágulos de sangue que ameaçam a vida e prejudicam tanto os vasos sanguíneos quanto o sistema imunológico.

Observamos no início desta semana que um número crescente de cientistas de renome está chegando à opinião de que as vacinas são o maior perigo para a saúde humana.

Milhares de europeus e americanos já pagaram com suas vidas, e centenas de milhares com sua saúde, por sua participação "voluntária" na maior experiência "médica" da história.

No Ocidente, todas as vacinas Covid programam o corpo humano para criar a proteína spike, o elemento mais letal do suposto vírus SARS-CoV-2, com o objetivo de proteger os humanos contra as conseqüências prejudiciais da proteína spike.

Em poucas palavras, fazemos seu corpo fabricar algo prejudicial para que ele gere anticorpos contra esse mesmo perigo, mas não temos idéia de como ou se esse processo alguma vez será interrompido.

Então por que não correr o "risco" de contrair o vírus, que comprovadamente não faz 99,7% da população ficar doente, se é que isso acontece? Não, em 2021, essa linha de raciocínio racional, historicamente incontroversa, é de repente tão antiquada. Não podemos mais confiar em nosso sistema imunológico natural e devemos, em vez disso, confiar no que é administrado através de uma seringa.

A 'Covid-19 é principalmente uma doença vascular', diz o pesquisador.

A indústria de vacinação, os políticos e a mídia continuam a insistir que a proteína do espigão é segura, mas o Instituto Salk estabeleceu agora que não é este o caso. Pelo contrário, os pesquisadores do Salk e outros colegas científicos advertem na publicação "A proteína do pico do novo coronavírus desempenha um papel extra crucial na doença" que a proteína do pico prejudica as células, "confirmando que a Covid-19 é em grande parte uma doença vascular".

Outra proteína de pico que já tirou tantas vidas?

Naturalmente, os cientistas da Salk estão proibidos de criticar diretamente as vacinas. É por isso que, de acordo com seu artigo, a proteína spike produzida pelas vacinas se comporta de maneira bem diferente da proteína spike produzida pelo suposto vírus.

Para começar, isto contradiz as alegações de todos os fabricantes de vacinas de que suas vacinas criam o mesmo pico de proteína. Em segundo lugar, lança dúvidas sobre a eficácia das vacinas, pois se a proteína do pico produzido pelas vacinas difere significativamente daquela produzida pelo vírus, qual é o objetivo da vacinação (assumindo, por enquanto, que estas "vacinas" geneticamente projetadas funcionam de todo)?

Do lado positivo, até mesmo os cientistas pró-vacina aceitam agora que a proteína do pico é responsável por um grande número de mortes e pessoas que sofrem de grandes efeitos colaterais e danos à saúde a longo prazo, muitas vezes permanentes. Em outras palavras, é uma admissão implícita que as vacinas Covid-19 são potencialmente fatais.

A proteína Spike causa lesões pulmonares, segundo pesquisa publicada na Circulation Research.

"A proteína do espigão SRA-Cov-2 prejudica a função endotelial ao inibir a ACE-2", de acordo com um estudo científico publicado na Circulation Research. O interior do coração e os vasos sanguíneos são revestidos com células edoteliais. Ao diminuir os receptores ACE-2, a proteína do espigão "promove lesão pulmonar". As células endoteliais nas artérias sanguíneas são danificadas, e o metabolismo é interrompido como resultado.

Os autores deste estudo também foram pró-vacinação, alegando que "anticorpos gerados pela vacina" podem proteger o corpo contra a proteína do espigão. Essencialmente, a proteína do espigão pode causar danos significativos às células vasculares, e o sistema imunológico pode neutralizar esses danos combatendo a proteína do espigão.

O sistema imunológico está tentando protegê-lo CONTRA a vacina

Em outras palavras, o sistema imunológico humano se esforça para defender o paciente dos efeitos negativos da vacina e das contra-reações, a fim de evitar que o paciente morra. Qualquer pessoa que sobrevive à vacina Covid deve isso à proteção de seu próprio sistema imunológico CONTRA a vacina, e não contra a própria vacina.

A vacinação é a arma', conclui Mike 'Natural News' Adams. Seu sistema imunológico o protege. Todas as vacinas Covid devem ser retiradas do mercado imediatamente e reavaliadas para efeitos negativos a longo prazo com base apenas nesta pesquisa".

De acordo com estatísticas oficiais da VAERS, o número de mortes relacionadas à vacinação nos Estados Unidos em 2021 será quase 4000 por cento maior do que o número total de mortes relacionadas à vacinação em 2020.

A vacina sagrada não é culpada por um ataque cardíaco ou uma hemorragia cerebral.

O seguinte mecanismo foi cientificamente comprovado e está agora estabelecido: as vacinas Covid-19 encorajam seu corpo a fabricar a proteína spike, que pode causar danos vasculares e coágulos sanguíneos, que podem se mover por todo o corpo e terminar em vários órgãos (coração, pulmões, cérebro, etc.). As pessoas que morrem como resultado disto são referidas como tendo tido um "ataque cardíaco", "coágulo de sangue" ou "hemorragia cerebral" - as vacinas sacrossantas podem e nunca devem ser culpadas, não importa quantas evidências existam hoje mostrando que são as principais razões.

Os recipientes das vacinas parecem oferecer um risco aos não vacinados, além da possibilidade de danos permanentes ou mortais para sua própria saúde. Muitos dos "wappies de coroa" que tiveram suas vacinas recentemente foram transformados em fábricas de espigões de caminhada', e agora podem exalar essas proteínas de espigões. Eles podem assim infectar outros através deste processo de 'derramamento'.

83

As vacinas com armas biológicas foram criadas pela administração do apartheid contra a população negra.

Há muito tempo as vacinas têm sido usadas como armas biológicas contra o público em geral. O governo do Apartheid da África do Sul criou a tecnologia subjacente a tal vacinação "auto-replicativa". Os cientistas estavam desenvolvendo vacinas "raciais" na época, com o objetivo de erradicar grande parte da população negra.

Este ano, a Escola de Saúde Pública Johns Hopkins Bloomberg propôs o uso de uma vacina auto-replicativa para 'vacinar' automaticamente toda a população mundial. Drones e robôs de IA seriam usados posteriormente para reforçar e monitorar o programa.

As pessoas que ainda estão ansiosas para se inscrever em um beco de vacinação para serem geneticamente modificadas para gerar uma proteína potencialmente ameaçadora de vida parecem ter sido completamente enganadas pela mídia e pelos políticos do sistema. Eles ficaram entorpecidos com todos os avisos e montanhas de provas, e não podem acreditar que o mundo está sendo governado por monstros inescrupulosos que não têm escrúpulos em cometer o potencialmente maior genocídio da história humana.

Capítulo 14: Passaportes e fichas

Uma entrevista de 2016 com o executivo sênior do WEF Klaus Schwab, na qual ele prevê que "dentro de 10 anos" um cartão de saúde global obrigatório será adotado, e todos terão microchips implantados, acrescenta à prova que a edição Covid-19 foi cuidadosamente preparada.

Schwab estava trabalhando em um plano há pelo menos cinco anos para criar um enorme surto de vírus e explorá-lo para estabelecer passaportes de saúde e vinculá-los a testes obrigatórios e vacinas, tudo de acordo com a abordagem de solução de problemas e reações. O objetivo é ter controle total sobre toda a população humana do planeta.

Dentro de 10 anos, teremos implantado microchips", disse Schwab há cinco anos.

Em 2016, um entrevistador de língua francesa lhe perguntou: "Estamos falando de chips implantáveis?" "Quando isso vai acontecer?".

Absolutamente nos próximos dez anos', disse Schwab. 'Vamos começar por colocá-los em nossas roupas'. Podemos imaginar a próxima imagem implantando-as em nosso cérebro ou pele'. O capataz do WEF comentou então sobre sua visão do homem e da máquina 'fundindo'.

No futuro, poderemos ser capazes de nos comunicar diretamente entre nossos cérebros e o mundo digital". Observamos uma fusão dos mundos físico, digital e biológico". As pessoas simplesmente terão que pensar em alguém no futuro para ser capaz de alcançá-lo diretamente através da 'nuvem'.

Não haverá mais pessoas biológicas com DNA natural no mundo transhumanista, que finalmente se tornará totalmente "digital". A "nuvem" será usada para armazenar os dados de todos.

A humanidade começou a ser reprogramada geneticamente.

A ordem econômica atual será destruída pelo "Grande Reposicionamento" de Schwab ("Build Back Better"). A iminente fusão financeira será explorada para lançar um novo sistema global baseado apenas em dinheiro e transações digitais. Este novo sistema será conectado com o mundo inteiro graças à tecnologia 5G. Os usuários serão impedidos de "comprar e vender", em outras palavras, da vida social.

No final da década de 2020, as 'vacinas' Covid-19 mRNA começaram a programar e manipular geneticamente a humanidade a fim de torná-la 'apta' a ser primeiramente ligada, depois integrada, a este sistema digital global, que, como você sabe, acredito ser o reino bíblico da 'Besta'.

Estas vacinas de alteração de gênero têm o potencial de eliminar seu livre arbítrio e capacidade de pensar por si mesmo, bem como seu desejo e capacidade de se conectar com o reino espiritual.

Perspectiva Cristã: A humanidade está desligada de Deus

De uma perspectiva cristã, a reprogramação do DNA humano através destas vacinas pode ser vista como a tentativa final de Satanás de separar permanentemente a humanidade de Deus. Esta parece ser a verdadeira explicação para o livro bíblico profético do Apocalipse que adverte que os indivíduos que levam esta "marca" perecerão.

Isto não é simplesmente por causa de um chip e uma sucessão de picaretas; é por causa do que essas picaretas farão com e dentro de você. Como resultado, Deus será incapaz de salvar aqueles cujas mentes (livre arbítrio) foram reprogramadas para a obediência total ("adoração"). Isso exigirá Sua intervenção, pois, caso contrário, a humanidade como um todo estará perdida para sempre.

Os falsos ensinamentos têm cegado uma grande parte do cristianismo.

O aspecto essencial desta trama desonesta, que está nas obras há muito tempo, foi a infiltração do cristianismo com uma série de ensinamentos falsos, com o objetivo de manter os crentes cegos até o fim dos tempos em preparação para o advento e estabelecimento do governo da Besta.

De fato, dezenas a centenas de milhões de cristãos, particularmente no Ocidente, acreditam que nunca terão que viver este período. Mesmo agora, quando a implementação deste sistema já começou, a maioria das pessoas se recusa a aceitá-lo. Com suas opiniões pró-vacinação, a maioria dos partidos e igrejas cristãs estão cooperando abertamente neste "Grande Reposicionamento" para o domínio da "Besta". Em termos teológicos, o Vaticano é o condutor mais poderoso e convencido disto.

Mas fomos enganados!' não é uma desculpa.

Talvez um paralelo bíblico possa ajudar algumas pessoas a entender? Gênesis 3, o conto da criação e a 'Queda', como nos é contada hoje: A serpente persuadiu Adão e Eva de que não lhes era permitido 'comer' a 'maçã', neste caso o signo, ou seja, não a ter picado neles (teste de raiz do 'signo': charagma = arranhão/alguma coisa com uma agulha = picada), mas a serpente os convenceu de que este signo não os condenaria, mas os transformaria em 'deuses'. Após serem persuadidos por esta falsidade, suas queixas contra Deus ("mas nos mentiram!") foram fúteis, e eles morreram lenta e dolorosamente. Eles podiam e deviam saber, portanto não tinham nenhuma justificativa.

Aceitar "o sinal", segundo a Bíblia, tem uma conseqüência ainda pior: a morte eterna. Deixar-se modificar geneticamente com vacinas de mRNA e depois integrar-se a uma rede digital global, renunciando assim a todo controle sobre seu corpo e livre arbítrio, caberá a cada indivíduo decidir se o perigo vale a pena.

Capítulo 15: Dívida sem fim?

A fraude pandêmica arrastou o Ocidente ainda mais para a dívida do que a Segunda Guerra Mundial - o maior fundo de pensão da Grã-Bretanha (nº 6 no mundo) diz aos investidores que a retirada de dinheiro pode levar até 95 dias, e adverte sobre a provável insolvência.

O colapso iminente do sistema financeiro é o motor secreto da continuação das medidas falsas da pandemia da coroa e dos assustadores desenvolvimentos na Ucrânia. Na verdade, este é o mesmo problema que existiu de 2008 a 2011, uma vez que foi apenas "fixo" com taxas de juros negativas e somas maciças de dinheiro digital novo, o que beneficiou principalmente governos, acionistas e grandes agentes financeiros. Agora que o FMI advertiu em um estudo que as dívidas governamentais nunca estiveram tão altas desde a Segunda Guerra Mundial, esta mega catástrofe, que terá efeitos de longo alcance para as pessoas comuns, pode irromper a qualquer momento.

Há anos escrevemos sobre isto, e agora o FMI adverte que as dívidas nacionais nunca estiveram tão altas desde a Segunda Guerra Mundial. A crise da Corona tem sido utilizada como uma desculpa no mundo inteiro para praticamente criar "dinheiro como a água", porque agora não vale nada. Só na Europa, o montante total envolvido é de monstruosos 130 bilhões de euros, ou quase um terço do total da dívida nacional até 2019.

A Nova Grande Depressão só foi adiada.

Se a metade da economia não tivesse sido posta a pingar desde o ano passado, estaríamos atualmente em uma Depressão mais profunda do que a dos anos 30. Então, o que você acha que é uma boa solução? Tente lembrar-se de sua primeira lição de economia no ensino médio, ou da pergunta que quase toda criança fez a seus pais em algum momento de suas vidas: "Por que não colocamos dinheiro na copiadora para que tenhamos sempre o suficiente e possamos comprar cópias?" "rico

Estamos assumindo que não temos que responder a estas perguntas? Se for esse o caso, você deve parar de ler e voltar aos principais meios de propaganda, que parecem não ter idéia do que está acontecendo (e se tiverem, podem não escrever sobre isso até que a crise seja um fato consumado e irreversível).

A crise está resolvida? A dívida da Grécia já atingiu 200 por cento do PIB.

O mais novo relatório "Fiscal Monitor" do FMI oferece um quadro sombrio: as dívidas governamentais nunca foram proporcionalmente tão altas desde o final da Segunda Guerra Mundial, o conflito mais mortífero já travado. Você se lembra da crise grega, que colocou em risco toda a zona do euro e a UE e só agora foi evitada? A dívida federal da Grécia subiu para 160 por cento do

PIB. O país teve que ser "resgatado" com vários pacotes de resgate que totalizaram centenas de bilhões de euros de países como a Alemanha.

A dívida nacional da Grécia aumentou agora para mais de 200 por cento do PIB. O que você acha, que este "resgate" ajudou?

Pelo menos não para o povo grego ou para a economia grega. Eles simplesmente receberam migalhas. Os únicos "salvos" foram os bancos europeus, que foram "pagos" pelo contribuinte europeu por suas dívidas com a Grécia desta maneira especialmente enganosa. Na mídia, fomos informados de que tínhamos "resgatado" os gregos, mas na realidade, assim como em 2008, salvamos os bancos - exatamente aqueles que nos meteram nesta confusão.

Por exemplo, o número de leitos de CI foi reduzido pela metade, resultando no nível per capita mais baixo da Europa. Então, em 2020, surgiu um vírus respiratório semelhante à gripe, cuja ameaça foi propositadamente inflada, a fim de fazer passar todos os tipos de restrições punitivas à liberdade. Fazemo-lo por uma questão de cuidado (depois de o termos destruído primeiro)". Não, "nós" fazemos isso para preparar a população para um bloqueio de crise bancária.

Os bancos devem ser socorridos novamente.

Estamos em 2021, e os bancos devem ser salvos mais uma vez. Como já dissemos anteriormente, os principais bancos sistêmicos da Europa, como o Deutsche Bank e a Société Générale, estão tecnicamente falidos. Ao mesmo tempo, o mito da pandemia levou os países industrializados a endividarem-se mais do que na Segunda Guerra Mundial, e o BCE ultimamente tem tomado novas medidas que corroem ainda mais nosso poder de compra e nossa riqueza.

Ninguém mais fala da necessidade de se livrar da dívida. Todas as partes - governos e corporações - esperam que as taxas de juros permaneçam zero ou negativas perpetuamente, e que o dinheiro continue a não desempenhar nenhum papel no Estado. Um aumento nas taxas de juros é, de fato, a pior situação possível. Mesmo se for menor, forçará rapidamente duas nações européias muito maiores, a Itália e a Espanha, à falência do Estado. O resgate está fora de questão, uma vez que custaria trilhões de euros. Como resultado, o colapso de qualquer um desses dois países implica automaticamente no colapso da zona do euro.

Contribuições de reorganização', mas de quem?

Como resultado, o FMI sugere que as nações comecem a cobrar "pagamentos de limpeza" sobre rendas, ativos e ganhos - um conselho um tanto perplexo, considerando que somente um desenvolvimento econômico robusto e sustentado pode potencialmente nos trazer de volta à beira deste desastre sistêmico. Se você então tributar ainda mais severamente o setor empresarial já em crise, você só terá o efeito contrário: a crise será exacerbada e intensificada, centenas de milhares de empresas falharão e inúmeras pessoas perderão seus empregos.

E não há mais nada a ser obtido das pessoas já tensas. Impostos ainda mais altos e cortes ainda mais profundos levarão faixas significativas da classe pobre e média a uma pobreza abjeta. Os governos não têm outra escolha senão recorrer à repressão financeira draconiana, que prejudicará o cidadão comum, mas notadamente os mais mal pagos e mais vulneráveis. Milhões de pessoas em breve não terão condições de arcar sozinhas com suas contas de moradia/energia e alimentos. A maioria de nós terá que apertar o cinto tanto metaforicamente quanto praticamente.

Alguns analistas prevêem uma hiperinflação ao estilo "Weimar", que irá esgotar completamente nosso poder de compra. Dadas as atuais circunstâncias extremamente perigosas para muitos residentes e empresas, mesmo uma taxa de inflação consideravelmente menor, de 3% a 4%, será o golpe final. Títulos do governo, seguros de vida, dinheiro de pensão e poupança não valerão nada em pouco tempo.

A sexta seguradora do mundo emitiu uma advertência de "insolvência".

Sinais de que a crise do sistema financeiro está se aproximando também são óbvios no Reino Unido, onde Aviva, a maior seguradora/fundo de pensão do país e a sexta do mundo, notificou seus clientes que pode levar até 95 dias antes que eles possam retirar dinheiro de suas contas.

Ainda mais assustador é o aviso direto de que "Se um banco/segurador/fundo de pensão emprega essa frase, isso é um sinal de dificuldades extremamente significativas e provavelmente insuperáveis.

O ouro, a prata e a moeda foram eliminados do Reino Unido.

Sem explicação, uma grande soma de ouro, prata e dinheiro foi inesperadamente retirada do Reino Unido e transportada para o Qatar recentemente. O Banco de Assentamentos Internacionais (o banco BIS na Basiléia, o "banco central dos bancos centrais") documentou um pagamento de US$ 1,8 bilhões da Fundação Hillary Clinton ao Banco Central do Catar (QCB).

As causas possíveis variam desde o iminente colapso financeiro do Reino Unido até um conflito com a Rússia, no qual cidades britânicas podem ser aniquiladas com armas nucleares.

Os cidadãos e as empresas serão proprietários do NOTHING na zona digital do euro.

Há anos que alertamos que uma catástrofe sistêmica está a caminho, e parece que está quase chegando. Esta catástrofe, que poderia ser precipitada por um falso ataque cibernético de bandeira (alegadamente pela Rússia?), seria usada para fazer passar a "Grande Reposição", que nada mais é do que a instalação de uma tirania tecnocrática e tecnocrática sem precedentes do clima comunista e excessivamente draconiana.

Em termos financeiros e econômicos, isto implica que o euro será totalmente digital, que TUDO será propriedade do Estado (mesmo seu próprio corpo), e que os cidadãos e as empresas ficarão para sempre privados de qualquer tipo de propriedade ou voz na questão. O Fórum Econômico Mundial também espera uma taxa de desemprego permanente de 35% a 41%, bem como a implementação de uma renda básica que será apenas o suficiente para manter as pessoas vivas.

Você quer o grande reset?

Isto é o que está por vir, e não pode ser parado. Mesmo que a massa do povo acordasse no último minuto e se revoltasse contra isso, ainda seria necessária uma "Grande Reposição", mas de uma magnitude completamente diferente da do WEF e dos globalistas em Washington, Bruxelas, Londres, Paris, Berlim, Roma e Haia. Seu Reset concentra todo o poder e riqueza nas mãos de um pequeno clube de elite, enquanto o Reset que realmente exigimos consegue o contrário.

O Deutsche Bank, tecnicamente insolvente, advertiu que o "Acordo Verde" da UE, que se destina a permitir o "Grande Reposicionamento", realmente desencadeará uma mega-crise e anunciará a entrada de uma eco-ditadura que destruiria nossa atual afluência.

Em qualquer caso, nos últimos anos, o povo europeu votou esmagadoramente em partidos que querem adotar, e estão atualmente implementando, o Green Deal da UE e a iniciativa Reset do Fórum Econômico Mundial (pelo menos, se os resultados eleitorais estiverem corretos). Quando suas falsas promessas e visões de um paraíso tecnocrático do clima acabarem por desencadear um verdadeiro inferno na terra para quase todos, olhando no espelho e se perguntando desconcertados "como deixamos chegar até aqui?" será a única coisa que restará para este povo ingênuo e apático com sua mentalidade de escravo insuportável.

Pedimos desculpas por concluir desta forma, mas à medida que observamos cada vez mais indivíduos usando tampas bucais mesmo ao sol, não há razão para acreditar que a sobriedade e o senso comum jamais voltarão ao normal. Estou preocupado que este espírito sombrio e incipiente da sociedade, cultivado propositadamente e alimentado pelo medo da morte e da insanidade, só irá depois de muita tristeza e tristeza.

Capítulo 16: Não há mais dinheiro?

A iminente mega-crise financeira será explorada para completar a "Grande Reposição" comunista.

Enquanto a atenção do governo e da mídia permanece quase que totalmente voltada para a Corona, mudanças altamente perturbadoras na União Européia estão sendo colocadas em segundo plano, que provavelmente terão ramificações de longo alcance para nosso poder econômico e de compra a curto e médio prazo. Como as taxas de juros dos títulos do governo começaram a subir novamente, o BCE comprará mais dívida pública nos próximos meses. Além disso, o setor financeiro tecnicamente falido de fato está em muito mais dificuldades como resultado da crise monetária forjada. A única coisa que mantém a Comissão Européia unida é a árvore mágica do dinheiro do BCE", argumenta o especialista Alasdair Macleod. Se você já participou de duas aulas de economia, você deve saber para onde tal coisa leva SEMPRE ""Money Tree"": "Este é um espectáculo de horror em curso".

O EUSSR é um acordo feito, tanto política como financeiramente.

Os críticos às vezes se referem à União Européia como o REUE, e em 2021, nada disso é um exagero - antes o contrário. Politicamente, a UE funciona há muito tempo da mesma forma que a antiga União Soviética: o Politburo, um clube não eleito de burocratas conhecido como Comissão Européia, determina a política e envia seus "desejos" (=ordens) ao Conselho Europeu de Chefes de Governo, que os debatem para mostrar e depois enviam estas ordens aos seus próprios países - apenas em nome - independentes, onde os parlamentos são eleitos.

Para manter a pretensão de uma democracia européia, a UE mantém seu próprio "parlamento", no qual todos os membros recebem salários exorbitantes, bônus e pensões por participarem deste grande espetáculo, mantendo em silêncio o fato de que eles não têm nada, absolutamente nada para contribuir. A única vez que este parlamento pareceu ter algum "poder" foi quando enviou uma Comissão Européia para casa, mas foi muito provavelmente encenado, especialmente em retrospectiva, porque foi nessa época que o povo europeu começou a acordar para o caráter e propósito "socialista" (no sentido marxista) da UE.

Recentemente, o BCE deu discretamente o próximo passo em direção ao euro, ao sistema euro/Target-2 e ao seu próprio desaparecimento. Ao contrário dos pronunciamentos anteriores, o banco optou por adquirir mais títulos do governo nos próximos meses, à medida que as taxas de juros aumentam globalmente. Se esta tendência continuar, toda a rede da zona do euro irá à falência. E essa rede é uma boca cheia de maçãs podres", acrescenta Macleod. É o resultado não só de um sistema quebrado, mas também de medidas destinadas a evitar que as taxas de juros da Espanha subam em 2012".

Custe o que custar', o euro é 'salvo' às custas dos cidadãos.

Na época, o presidente do BCE, Mario Draghi, afirmou, famoso, que resgataria o euro "custe o que custar". O que ele não nos disse foi que o custo deste "custe o que custar" será suportado pelos aforradores e fundos de pensão europeus. Devido à dívida crescente, a ação de Christine Lagarde deve ser consideravelmente maior que a de seu antecessor, Mario Draghi. Por fim, todos os europeus terão que pagar um preço alto por isto, na forma de uma perda significativa e irreversível de poder de compra e riqueza. Os brilhantes anos de prosperidade dos Estados membros da UE estão chegando ao fim.

O Lagarde eleva o mantra "o que for preciso" de Draghi a um patamar. O BCE, que professa ser "independente", mas é fundamentalmente uma organização política, sempre serviu a um propósito: assegurar que os gastos desenfreados dos estados membros do sul, em particular, sejam sempre cobertos.

Para este objetivo, foi concebido um mecanismo inventivo: Só a Itália e a Espanha devem ao sistema do BCE cerca de 1 trilhão de euros. A Alemanha, Luxemburgo, Finlândia e Holanda, por outro lado, devem cerca de 1,6 trilhões de euros sob este sistema, devendo a Alemanha a parte de leão (mais de 1 trilhão de euros). (Na realidade, o pequeno Luxemburgo pode ser visto como um banco mascarado de Estado independente, um dos numerosos artifícios empregados pelo BCE para fazer a condição financeira da UE parecer mais favorável).

Os grandes mega-bancos estão tecnicamente falidos.

Ao comprar títulos do governo, o BCE já acumulou uma dívida de 345 bilhões de euros, em parte devido ao financiamento clandestino do crescente déficit governamental da França. A França é agora um dos países do PIIGS, embora isto nunca será formalmente reconhecido porque a França é vista como um estado "sistemicamente importante". Enquanto isso, o passivo da França começa a pesar muito sobre o sistema do euro, sobretudo porque o mega-banco francês Société Générale, assim como o Deutsche Bank e o Unicredit da Itália, estão tecnicamente insolventes do ponto de vista funcional.

O que os números não revelam é que o Bundesbank já comprou bilhões de euros de dívida do governo alemão em nome do BCE. O desequilíbrio sempre crescente no sistema Target-2 surgiu como resultado de a Itália, Espanha, Grécia e Portugal, em particular, estarem sobrecarregados com um número crescente de empréstimos "ruins", ou empréstimos que podem e nunca serão reembolsados. Como resultado, os sistemas financeiros "zumbis" nestas nações tiveram que ser permanentemente alimentados pelo BCE.

Empréstimos ruins e ativos ruins

Os empréstimos ruins e outros "ativos ruins" foram transferidos para o sistema do euro (e portanto, em particular, para a Alemanha, Finlândia, Holanda e Luxemburgo) durante o "resgate" da Grécia, e posteriormente para o sistema Target-2 durante o "resgate" dos bancos italianos, que foi disfarçado do público. O que não está incluído nos números é uma soma ainda maior de 8,31 trilhões de euros (possivelmente mais de 10 trilhões de euros) em financiamentos de curto prazo, o que é basicamente inexistente na zona do euro.

Em resumo, se você tem um salário médio anual de 36.000 euros, você pode adquirir um empréstimo de 1 milhão de euros de um banco sem bater um olho, e o gerente do banco então lhe diz: "Veja o que você pode pagar, e quando..." O que você acha? Será que este banco conseguirá sobreviver por muito tempo? E um banco central que depois mantém esses bancos a funcionar por anos poderá manter sua saúde por muito tempo?

Como um grupo de bêbados tentando se elevar surpreendentemente para fora da sarjeta, os valores das ações dos bancos europeus subiram ao lado dos mercados. No entanto, seus ratings continuam a ser terrivelmente baixos", diz Macleod. A situação se deteriorou ao ponto de que, se um grande banco da zona do euro falhar, todo o sistema cairá como um castelo de cartas.

A UE é um estado em colapso, e seu poder de compra será exterminado.

A UE está mostrando todas as marcas de um estado de desagregação "o analista continua Isso ficou mais claro na reação da UE ao Brexit, que só pode ser definida como uma vingança estúpida e infantil, independentemente das implicações desagradáveis para o próprio bloco. Além disso, é pouco provável que a UE escape dos lockdowns este ano, o que significa que todos os países membros serão forçados a continuar incorrendo em novas dívidas massivas para manter suas economias em funcionamento. Os efeitos de políticas altamente prejudiciais serão muito piores para a Europa do que para os Estados Unidos e a China.

Grandes faixas da economia, particularmente as PMEs, estão à beira do colapso. Quando as tendências dos mercados de commodities (petróleo, metais, alimentos, etc.) são combinadas com o crescimento maciço da oferta de dinheiro, o resultado será uma perda mundial de poder de compra. Devido a sua própria estrutura, políticas e ações, a UE está totalmente atrás da recuperação econômica da China, que agora está em pleno andamento.

E, porque o BCE é responsável por tudo o que é
financeiro, o problema da UE sem dúvida começará aí.
Sem dúvida, fará cair a maior parte do setor financeiro.
Não será necessário um aumento significativo das taxas
de juros para eliminá-lo". O valor real do "valor" e dos
"ativos" reivindicados pelos grandes bancos da zona do
euro em seus balanços é então revelado: "basicamente
NÃO". Não é surpresa que a fuga de capitais da zona do
euro tenha aumentado. O dinheiro geralmente sai das
nações com políticas terríveis e esbanjadoras, e logo
será inútil.

**"O sistema é propositadamente inflado a fim de
realizar a Grande Reposição Comunista".**

Se você está se perguntando, por que eles não estão
fazendo algo para evitar isso? Então nós
responderemos: porque, em nossa opinião, o sistema
está sendo deliberadamente destruído. Um euro digital
já está em andamento, e eventualmente substituirá
toda a moeda. Este novo sistema de dinheiro digital
provavelmente será lançado durante ou logo após a
aproximação da mega-crise financeira, e será
gradualmente conectado a tudo (documento de
identidade/passaporte, cartão de débito, cartão Covid,
e assim por diante). Todas as dívidas serão confiscadas,
e todos os "bens", todos os bens, todos os fundos, de
todas as corporações e pessoas, serão transferidos para
o Estado.

A "Grande Reposição", ou a mudança do outrora bem sucedido bloco de livre comércio da E.E.C. para uma União Soviética Européia com um regime tecnocrático e profundamente comunista, será então concluída. Então nossa prosperidade, assim como todas as nossas liberdades e pertences, serão restaurados. (E você, como empresário, ficou muito contente quando o governo se comprometeu a reembolsá-lo por 100 por cento de suas despesas fixas! Vocês honestamente não sabem que todos vocês entraram em uma armadilha? Que logo não terão mais nada a dizer a respeito de seus próprios negócios e sobrevivência nesta economia controlada?)

Olhe através dos livros de história para ter uma idéia de como a vida será 'agradável' para nós então. Entretanto, para a grande maioria das pessoas, tal apelo cairá em ouvidos surdos. Eles votaram ainda mais fortemente em partidos supostamente 'liberais' que há anos adotam praticamente inteiramente políticas neo marxistas da UE.

Para nossa grande consternação, parece haver apenas uma coisa a fazer para trazer as pessoas de volta à razão, e que é experimentar muito sofrimento (novamente). Com a esperança de que nossos (grandes) filhos sobreviventes tenham aprendido com estas duras lições e sejam capazes e dispostos a construir uma sociedade muito mais saudável, um mundo onde os Grandes Bancos, as Grandes Farmácias, as Grandes

Técnicas, os Grandes Militares e o Grande Governo, em outras palavras: A Grande Corrupção, não tem lugar.

Capítulo 17: 1921-1922?

O paralelo entre a Alemanha 1914-1923 e o Ocidente 2010-2021 é ininterrupto.

A história está se repetindo em todos os sentidos, mas em uma escala ainda maior? Parece suspeito. Assim como nos anos 1910 - 1920, quantidades inimagináveis de dinheiro criadas do nada têm sido usadas para comprar enormes quantidades de dívidas e criar enorme riqueza, e todos querem um pedaço da torta. O chefe de Wall Street Michael Burry, apelidado de 'Big Short' porque foi o primeiro investidor a prever a crise do subprime (2007-2010), adverte que a hiperinflação vai surgir de repente, assim como aconteceu na República de Weimar.

As pessoas disseram que eu não avisei da última vez', o gerente do fundo de hedge 'Big Short' Burry respondeu à tempestade de reações à sua previsão de hiperinflação. *Eu o fiz, mas ninguém me escutou. Por isso, estou avisando agora. E mais uma vez, ninguém escutou. Mas eu terei provas de que eu avisei'.*

Recentemente, Burry tweeted que o MMT (Modern Monetary Theory, o curso comunista de facto que tem sido seguido na UE por cerca de 7 anos) do governo dos EUA "convida à inflação". O governo Biden está gastando trilhões para manter a economia e a sociedade 'flutuando' em meio à crise da coroa, mas alcançará o oposto assim que forem gradualmente abertos novamente. Quando a demanda aumentar novamente, todo esse dinheiro explodirá os preços e custos dos trabalhadores, o que será o início da inflação, ou hiperinflação, que ficará fora de controle.

Não poderia continuar''.

Bank of America CIO Michael Hartnett também compara o "tsunami do estímulo fiscal" e a monetização da enorme carga da dívida (que tem sido feita na UE desde 2014 com compras massivas de dívida soberana e com taxas de juros negativas, às custas da poupança, pensões e poder de compra) diretamente à situação na Alemanha (República de Weimar) após a Primeira Guerra Mundial.

Jens Parsson escreveu em 1974 que o período 1914 - 1923 foi caracterizado por "grande prosperidade, pelo menos para aqueles que lucravam com o 'boom'. Havia uma atmosfera de "mal posso esperar". Os preços eram estáveis e o mercado de ações e os negócios estavam indo bem. O marco alemão chegou a valer mais do que o dólar, e por um tempo foi a moeda mais forte do mundo.

No entanto, existiam "grupos simultâneos com pobreza. Cada vez mais pessoas caíam do dinheiro fácil e não conseguiam entrar nele. O crime aumentou bruscamente". O homem comum 'ficou desmoralizado', porque o trabalho duro e a economia rendiam cada vez menos, enquanto outros aumentavam seu dinheiro a partir de sua preguiçosa preguiça, e se tornavam puissant ricos.

Todos queriam um pedaço da torta

Quase qualquer forma de empreendimento, por mais especulativo que seja, fez dinheiro. O número de colapsos e falências caiu. A "seleção (econômica) natural", na qual empresas fracas, mal administradas e/ou não essenciais caem e as mais fortes permanecem flutuando, desapareceu.

A especulação se tornou uma das atividades mais importantes na Alemanha. Todos queriam um pedaço da torta, incluindo cidadãos de quase todas as classes. Até mesmo os operadores de elevadores tomaram parte no investimento. Não foi a produção, a inovação e a realização que criaram a prosperidade, mas o dinheiro e a especulação. A bolsa de valores de Berlim literalmente não conseguia acompanhar o volume de títulos negociados.

1921/22 = 2021/22

E então veio o golpe, tão repentino quanto devastador. Todas as marcas que existiam no mundo em 1922 não eram suficientes em novembro de 1923 para comprar um único jornal ou um bilhete para o bonde. "Essa foi a parte espetacular do colapso, mas a maior parte da perda real de riqueza (monetária) havia ocorrido muito antes. Durante estes anos, a estrutura se construiu calmamente para este golpe. O ciclo inflacionário alemão durou não um, mas 9 anos: 8 anos de crescimento, e apenas 1 ano de colapso.

Você deve ter tido seus olhos muito fechados nos últimos 10+ anos para negar que Burry tem razão em dobro quando escreve que esta análise de 47 anos se aplica perfeitamente ao período 2010 - 2021, no qual dólares (e euros) "poderiam ter caído do céu com a mesma facilidade... as equipes gerenciais se tornaram criativas e assumiram ainda mais riscos... e pagaram dividendos financiados pela dívida aos investidores, ou investiram em oportunidades de crescimento arriscadas".

Os cidadãos foram maciçamente convidados e instados a investir seu próprio dinheiro, assim como na época, porque os preços das ações só continuariam a subir de qualquer forma, assim como os preços das casas. Nos últimos anos, o mercado de criptografia altamente especulativo se revelou o mais lucrativo; algumas pessoas que chegaram cedo se tornaram muito ricas e puderam se aposentar mais cedo.

E novamente estamos à beira de um acidente sem precedentes

Como em 1921-1922, a maioria das pessoas não percebe que exatamente um século depois, graças a uma febre especulativa ainda pior e políticas fiscais e monetárias sem precedentes, estamos mais uma vez à beira de uma queda tão repentina e enorme, Burry também adverte. A hiperinflação "Weimar" acabou com toda a prosperidade em pouco tempo, exceto a da "elite" e de alguns dos principais atores financeiros. A pobreza amarga e a miséria aguardavam o povo, que se tornou o terreno fértil para a ascensão dos nazistas.

E há paralelos mais arrepiantes. Assim como na década de 1930, em nosso tempo houve uma grande mistura de medo, as pessoas foram colocadas umas contra as outras, e foram tomadas duras medidas ditatoriais que acabaram com nossas liberdades e muitos de nossos direitos. Assim como nos anos 40, experimentos médicos estão sendo realizados em pessoas, mas agora não apenas em campos fechados, mas em todo o mundo, com vacinas controversas, em bilhões de dólares por vez. E assim como nos anos 20, a maioria das pessoas não queria ouvir falar de uma crise; afinal, as árvores estavam crescendo para o céu, e elas sempre continuariam a fazê-lo.

Entretanto, há muito tempo os políticos estão cientes de que a maior crise financeira de todos os tempos é iminente. A fim de acabar com o pânico e os protestos em massa, um vírus respiratório comum foi escolhido como pretexto para destruir passo a passo as liberdades e os direitos dos cidadãos. Escrevemos desde o início que o toque de recolher não tem nada a ver com saúde pública e segurança, mas tudo a ver com a capitalização desta crise iminente. E o que você acha? Enquanto isso, há especulações em Haia sobre a possibilidade de estender o toque de recolher até o meio-dia, "se isso for necessário".

Existe fuga deste "Grande Reposicionamento"?

Conte com isso que será necessário, porém não para uma mutação viral, como será novamente afirmado falsamente, mas para manter as pessoas presas em suas medidas de emergência e leis cuidadosamente elaboradas, para que não se revoltem em massa quando se verificar que quase tudo o que tomaram como certo para manter "valor" para sempre - incluindo seu poder de compra, casas, empregos, investimentos e pensões - foi-se para sempre, e isto também terá sido feito de propósito, porque realiza uma agenda político-ideológica: o "Grande Reposicionamento".

Existe uma fuga, uma alternativa? Sim, mas somente se resistirmos pacificamente, recusando em massa continuar a contribuir para nossa própria morte.

Capítulo 18: Hiperinflação

Durante anos, ficamos surpresos que a maioria das pessoas parece acreditar que é normal que os bancos centrais continuem criando quantidades inimagináveis de dinheiro do nada com o apertar de um botão para que os governos possam continuar a gastar enormes quantidades de dinheiro enquanto acreditam que seu poder de compra será mantido.

Qualquer pessoa que tenha tido duas aulas de economia no ensino médio sabe que isto é contra todas as leis financeiras e fiscais, e resultará em uma peça de teatro mais cedo ou mais tarde. Está quase aqui: o Banco da América anuncia a HYPERinflation. Isto significa que o valor da moeda cairá, e os custos da maioria dos produtos e serviços dispararão.

De acordo com estimativas anuais, o número de empresas americanas que relatam inflação (alta) subiu cerca de 800%. Como resultado, o Bank of America não pode deixar de notar isto "No mínimo, isto sugere que a hiperinflação 'temporária' está a caminho.

As mercadorias (+28%), os preços ao consumidor (+36%), o transporte (+35%) e os produtos manufaturados (+35%) são particularmente vulneráveis aos aumentos de preços. Embora a BoA acredite que continuará "administrável", a hiperinflação é um processo que mostra intrinsecamente que algo está fora de controle.

Preços exorbitantes

Isto significa que, entre outras coisas, os cidadãos terão que eventualmente pagar significativamente mais por quase tudo a um ritmo crescente. Na verdade, podemos observar esta alta inflação disfarçada no aumento dos preços imobiliários (afinal, estes não estão associados a uma forte recuperação econômica, mas a uma economia endividada financiada pelo governo). Além disso, um número crescente de consumidores está reclamando que suas compras semanais aumentaram significativamente mais caras em um período de tempo relativamente curto.

O fim da prosperidade está agora em vista.

Por mais deprimente que seja a leitura, o fim da afluência ocidental está agora à vista. De fato, a situação na Europa não é diferente da dos Estados Unidos, e de certa forma é muito pior.

Considere as dívidas soberanas aparentemente infinitas da Itália, Grécia e Espanha, bem como da França e Bélgica. Além disso, grandes bancos sistêmicos europeus como Deutsche Bank, Société Générale, e UniCredit estão tecnicamente falidos.

O Acordo Verde e o Grande Reposicionamento

Além disso, o "Green Deal" da UE e o "Excelente Reset" do Fórum Econômico Mundial. O primeiro tornará a energia, o transporte e a alimentação praticamente inacessíveis para milhões de pessoas, enquanto o segundo apagará permanentemente os poucos vestígios de liberdade e autodeterminação que nos restam, colocando de 35 a 41% das pessoas sem trabalho, de acordo com dados do WEF.

Enquanto o Ocidente está se despedaçando como resultado da realização desta distopia climática, a China e a Rússia já começaram a tirar o bastão de nós.

Capítulo 19: Despovoamento iminente

A MERS-CoV teve uma taxa de mortalidade de 40% em 2012 - variante africana tornada contagiosa para os seres humanos através da engenharia genética - repetição de 2020, complementada por testes obrigatórios e vacinações obrigatórias para todos? - Previsível: a política e a mídia culparão as pessoas não vacinadas

Exatamente de acordo com o cenário que temos descrito muitas vezes desde o ano passado, as revistas médicas estão anunciando a próxima pandemia agora que a Covid-19 parece estar de saída: MERS-CoV. Portanto, podemos esperar uma repetição de tudo, desde o assustadorismo deliberado do ano passado até a propaganda de desinformação na grande mídia e uma corrida para o sistema de saúde, após o que serão tomadas medidas "naturais" como novos bloqueios rigorosos, complementados por testes obrigatórios e vacinações obrigatórias para todos. Porque novamente, a principal intenção desta pandemia parece ser injetar a todos com mais uma série de novas vacinas experimentais.

Não se engane, esta não será a última vez que o mundo enfrenta a ameaça de uma pandemia", disse Tedros à Assembléia Geral da ONU dos ministros da saúde dos 194 estados membros no início deste ano. É uma certeza evolucionária que haverá outro vírus com o potencial de ser ainda mais infeccioso e mortal do que este".

De fato, esse outro vírus já poderia estar chegando. Uma equipe internacional de pesquisadores descobriu que a Síndrome Respiratória do Oriente Médio (MERS) está a apenas algumas mutações de se tornar uma grave pandemia. Em seu artigo, publicado em Proceedings of the National Academy of Sciences, eles descrevem suas pesquisas sobre diversas variantes da MERS.

A MERS-CoV surgiu pela primeira vez na Arábia Saudita em 2012, e diz-se que é particularmente mortal. Cerca de 40% dos primeiros pacientes morreram de suas infecções, que supostamente foram causadas principalmente por dromedários infectados. E por coincidência ou não, também foram encontradas evidências de que os morcegos haviam infectado os camelos. Segundo os pesquisadores, 80% de todos os dromedários testados (70% vivem na África) agora têm anticorpos em seu sangue.

Variante africana tornada contagiosa para os seres humanos através da engenharia genética

O surto de MERS-CoV não recebeu muita atenção porque não haveria contaminação de humano para humano. Os cientistas investigaram por que não havia muitos mais africanos - dadas suas muitas interações com os dromedários - que não haviam sido infectados.

Lá, o vírus circula principalmente em dromedários no Marrocos, Nigéria, Etiópia e Burkina Fasso. Foram coletadas amostras e descobriu-se que as variantes que ocorrem na Arábia podem ser facilmente transmitidas de pessoa a pessoa, mas não as da África.

A diferença entre as variantes está nos aminoácidos da proteína S. Ao modificar geneticamente a variante africana de modo que ela tivesse os mesmos aminoácidos "árabes", eles conseguiram tornar a variante africana mais infecciosa também para as células humanas. A grande questão não solicitada, é claro, é: por que você gostaria de fazer isso? Por que você quereria tornar um vírus que é (quase) inofensivo aos humanos muito mais infeccioso, como aconteceu com o coronavírus?

De qualquer forma, os pesquisadores pensam que a razão pela qual as variantes no Oriente Médio ainda não sofreram mutações para infectar muitas pessoas é que o comércio de dromedários vai quase exclusivamente de um lado, da África para o Oriente Médio. Entretanto, eles advertem que se esse comércio se inverter em algum momento, ou se outro animal também se tornar um portador e for comercializado para a África, podem ocorrer mutações que podem causar uma pandemia mortal. (1)

Vírus no top 10 da OMS

O MERS-CoV é muito semelhante ao SARS-1 e também causa sintomas respiratórios muito graves. Entre os seres humanos, ainda tem uma taxa de mortalidade de 35%. Ainda não há tratamento ou vacina. Desde 2012, mais de 2.100 pessoas foram infectadas com MERS-CoV, das quais 813 morreram. O vírus está agora no top 10 da lista de doenças emergentes da OMS que devem ser investigadas com a maior prioridade (2).

SPARS = MERS-CoV ou SARS-3?

No final do ano passado, o possível sucessor do Covid-19 já havia sido anunciado: SPARS. Em uma simulação feita pela Universidade Johns Hopkins, esta pandemia irrompe em 2025, e dura até 2028.

A pandemia SPARS 2025 - 2028; Um Cenário Futurista para Comunicadores de Riscos à Saúde Pública" (PDF, 2017) foi uma simulação semelhante ao último "Evento 201" em outubro de 2019, quando cada detalhe foi praticado no gerenciamento de um surto global com um coronavírus, que, de acordo com a previsão de trabalho, mataria 65 milhões de pessoas. Essa 'simulação', como todos sabem, tornou-se uma realidade em quase todos os aspectos (apenas o número de mortes, felizmente, permanece muito atrás (ainda?)).

De fato, um documento do Banco Mundial afirma que o atual 'projeto' chamado 'Covid-19 Programa de Preparação e Resposta Estratégica (SPRP)' durará até 31 de março de 2025. Somente então o SARS-CoV-2 /

119

Covid-19 presumivelmente será declarado
definitivamente "acabado", embora o Covid também
possa ser sucedido pelo MERS-CoV nesse ínterim.

Depois disso, o sucessor poderia começar a aparecer
imediatamente: SPARS, que é uma referência à cidade
norte-americana de St. Paul, onde este futuro
coronavírus surgirá pela primeira vez de acordo com a
simulação. Este novo vírus será, naturalmente,
renomeado em ou por volta de 2025, e poderá também
recomeçar na Ásia, por exemplo. Entretanto, ele
também pode se tornar SARS-3, que já está pronto em
um laboratório italiano.

Portanto, não é improvável que o SPARS se torne
realmente SARS-3 ou MERS-CoV. 2025 foi apenas um
ano fictício, que poderia facilmente tornar-se 2023 ou
mais cedo. A simulação da SPARS também falou de uma
vacina chamada COROVAX como a solução desejada
para deter esta "pandemia", e que seria introduzida no
cenário em julho de 2026. Três anos após este
documento de 2017, uma vacina COROVAX estava
literalmente sendo desenvolvida.

É assim que os anti-vaxxers seriam convencidos

Uma semelhança notável com a SRA-CoV-2 / Covid-19 é
que a infecção fictícia SPARS (/ infecção MERS-CoV ou
SRA-S-3?) é freqüentemente seguida por uma
pneumonia bacteriológica grave (pg. 57). Também
descreve como um conhecido anti-vaxxer "vê a luz"

depois que seu filho infantil desenvolve pneumonia severa, e cura somente após a administração de medicação regular. As autoridades então usam histórias como esta para convencer os oponentes da vacina.

Similaridade surpreendente com 2020-2021: "... vários políticos influentes e representantes de instituições ficaram debaixo de fogo por sentirem a gravidade do evento para certo ganho político... Um amplo movimento de mídia social, liderado principalmente por pais sinceros de crianças afetadas, juntamente com a desconfiança generalizada de 'Grandes Farma', apoiou a narrativa de que o desenvolvimento de SPARS MCMs (vacinas) era desnecessário, e impulsionado por alguns indivíduos em busca de lucro'.

Também apontou para "teorias conspiratórias" de que este vírus também foi criado intencionalmente e/ou deliberadamente desencadeado sobre a população pelo governo como uma arma biológica (pág. 66). Enquanto isso, os 'Fauci Files', publicados até mesmo pela grande mídia americana, revelaram que o coronavírus foi chamado internamente de arma biológica criada deliberadamente já em 11 de março de 2020.

Os não vacinados serão logo culpados diretamente

Os fabricantes farmacêuticos, que provaram durante o ano passado como a vacinação extremamente lucrativa durante uma p(l)andemia pode ser, estão ocupados com o desenvolvimento de novas vacinas. A Bloomberg apontou a GlaxoSmithKline (e a parceira Sanofi) no final de maio, que já está fazendo a próxima geração de vacinas Covid. De acordo com Roger Connor, chefe do desenvolvimento de vacinas, um período experimental de uma nova vacina em mais de 37.000 pessoas deveria começar já em junho.

Dadas as reações cada vez mais duras e muitas vezes chocantes na sociedade às pessoas que se recusam a ser vacinadas contra a Covid-19 (as chamadas para vacinações forçadas estão ficando mais altas, e as primeiras chamadas para colocar os reféns em acampamentos também foram ouvidas), pensamos que já passamos da fase de "convencer" os anti-vaxxers, e logo, se esta próxima pandemia vier de fato, iremos diretamente culpar abertamente falsamente as pessoas não vacinadas pelos políticos e pela mídia.

Suponha que as vacinas realmente causarão enormes problemas de saúde, como os principais cientistas e outros especialistas vêm prevendo há meses (veja nossos muitos artigos sobre este assunto). Então, haverá uma nova série de cuidados de saúde e hospitais, após a qual medidas severas serão novamente tomadas. Na TV, os "cientistas" aprovados pelo complexo farma-vacina afirmarão que não é por causa das vacinas, mas por causa de uma mutação que pôde surgir graças às pessoas não vacinadas.

Capítulo 20: Falta de combustível

Esta é uma prática para a próxima grande greve cibernética no Ocidente?

De acordo com especialistas, o ataque cibernético ao principal gasoduto de combustível nos Estados Unidos poderia ter sido resolvido em questão de horas e, portanto, traz todas as marcas de uma operação de "bandeira falsa" destinada a colocar o povo americano completamente de joelhos diante da emergente ditadura comunista da ONU/WEF sobre a vacina contra o clima. Os primeiros postos de gasolina ficaram sem combustível, e aqueles que ainda o têm estão caminhando dramaticamente em seus preços. O combustível pode ser racionado por um longo período de tempo, e uma vez que isso ocorra, os alimentos inevitavelmente se seguirão.

De acordo com um especialista em TI, o Gasoduto Colonial de Houston (Texas) a Linden (Nova Jersey) poderia ter ficado operacional novamente em questão de horas, já que o equipamento danificado poderia ter sido rapidamente substituído, já que a maioria dos servidores de computador atualmente são máquinas virtuais (VMs). Se apenas o software tivesse sido danificado, a parada teria sido de apenas alguns minutos. Como resultado, a tubulação tinha muitos backups em todos os sentidos.

Como nenhuma recuperação foi anunciada até o final da semana, este especialista em TI acredita que a falta de gasolina está sendo causada arbitrariamente. O diesel ainda é usado em caminhões, mas apenas por um tempo limitado. Quando pararem hoje ou amanhã, as lojas vão esvaziar rapidamente, ameaçando o medo absoluto e o pandemônio. Após uma semana, o país parará, após duas semanas, o abastecimento de água potável estará em perigo e, após quatro semanas, a civilização estará terminada.

O governador da Carolina do Norte proclamou o estado de emergência e racionou temporariamente (?) a gasolina. As bombas de grandes empresas como a Shell e a BP estão agora enfrentando também problemas de abastecimento.

Este é um ensaio geral para o grande ataque cibernético recentemente previsto?

A menos que o governo conserte o gasoduto em poucos dias, a corrida já iniciada com os traços finais de gasolina será seguida de uma corrida nos supermercados. De fato, é altamente concebível que esta "bandeira falsa" tenha sido uma prática de corrida para a grande crise cibernética anteriormente prefigurada pelo WEF, que é esmagar todo o Ocidente - incluindo a Europa - a fim de esmagar os restos finais da oposição ao controle comunista de nosso país.

Naturalmente, os russos serão culpados por tudo, o que, como nossos leitores bem sabem, é projetado para reunir as massas ainda loucas por trás da também planejada Terceira Guerra Mundial contra a Rússia (e possivelmente contra a China).

Reclamando? Não se você votou a favor deste sistema.

Os eleitores dos partidos esquerdistas e socialistas, em particular, não devem reclamar, porque estes partidos, como quase todos os partidos de oposição de esquerda, apóiam abertamente a grande agenda Reset / Build Back Better / Agenda-21/2030 e têm feito tudo ao seu alcance por muitos anos para tornar este futuro uma realidade para você e seus (grandes) filhos.

Exceto por eles mesmos, é claro, porque, como em todas as ditaduras comunistas e fascistas ao longo da história, a elite do poder garantirá que nunca serão impactados por suas próprias leis de liberdade e destruição de riqueza.

Capítulo 21: Crise alimentar

A Europa entrou em uma crise sistêmica abrangente, com a Alemanha já culpando os "ataques cibernéticos" (naturalmente, pelos "russos", o que deveria preparar a população para um conflito maciço - "A perda de 0,025 por cento da população mundial não justifica a ruína da economia global".

O "Grande Reset" de nossa sociedade segura e próspera, iniciada propositadamente por um vírus das vias aéreas, vai ser sentido muito mais fortemente. Cada vez mais sinais indicam que a Europa está à beira de uma catástrofe alimentar com preços altíssimos. Enquanto isso, os políticos e a mídia continuam a transmitir, racionalizar e às vezes até mesmo elogiar toda a culpa pelo sofrimento que já ocorreu e está a caminho.

O Índice de Preços de Alimentos (FFPI) da Organização das Nações Unidas para Alimentação e Agricultura (FAO) aumentou 2,3 pontos (2,2%) em um mês, para 107,5 em dezembro de 2020, marcando o sétimo aumento consecutivo. O FFPI ficou em 53,1 pontos em 2002, atingiu 131,9 pontos em 2011 como resultado da crise financeira, e depois caiu para um pouco menos de 100.

Crises alimentares, energéticas e bancárias, tudo de uma só vez

Que os governos explorem completamente normais, naturais e inofensivas à grande maioria das pessoas alterações biológicas para prolongar e/ou melhorar as medidas de bloqueio e os limites de liberdade, as linhas de abastecimento alimentar enfrentarão desafios semelhantes aos que o setor eletrônico está enfrentando atualmente (grande escassez de microchips).

Já existem receios na Alemanha de que a escassez de frutas e legumes seja iminente. Eles também encontraram uma chamada causa: os ataques cibernéticos, que, naturalmente, serão culpados "os russos". O horrível Fórum Econômico Mundial de Klaus Schwab, o cérebro diabólico por trás da "Grande Reposição", também antecipa ataques cibernéticos ao sistema de energia e ao setor financeiro.

Conceito histórico: culpar os outros por suas próprias ações.

Os alimentos e energia básicos também estão ficando cada vez mais caros, e problemas sérios com contas bancárias e pagamentos pela Internet devem ter você pronto para se comprometer com um conflito maciço, muito provavelmente contra a Rússia. Na realidade, as rupturas de energia serão criadas por uma mudança do carvão, petróleo e gás, uma vez que é necessária uma mudança para a energia eólica, solar e biomassa, que não é confiável e cara. Além disso, a próxima grande crise bancária está em andamento há anos, e será explorada para impulsionar um sistema de pagamento totalmente digital com um euro digital.

É um velho e conhecido princípio histórico que tem sido muito utilizado: culpe o partido que você considera o adversário pelos problemas que você criou, e você terá o apoio deles. Infelizmente, poucas pessoas lêem livros de história agora, ou se recusam a aprender com eles ("desta vez vamos fazer melhor", "desta vez as coisas serão diferentes") porque acreditam que são muito mais brilhantes. (Qual é a nossa opinião? Muito pelo contrário).

Ou você estudou para isso, e usou a manipulação social e as estratégias neo-marxistas que governos autoritários e ditatoriais usaram tantas vezes antes para seu próprio povo de uma maneira extremamente sofisticada, e deixe-os serem gratos por isso também.

"Eles tinham informações privilegiadas, ou isto é um esquema sombrio?

A este respeito, o economista americano Martin Armstrong aponta para a conhecida simulação pandêmica do "Evento 201" em outubro de 2019, na qual tudo o que foi feito a partir de 2020 foi discutido, elaborado e trabalhado em detalhes com antecedência, completado com a semeadura deliberada do medo e do pânico sobre um coronavírus comum.

"Será que eles tiveram uma visão do futuro, ou existe uma trama nefasta para diminuir a população e o CO2, criando um abate global, como alguns acreditam agora? Tais idéias de conspiração freqüentemente surgem quando há reuniões secretas e grupos de elite que acreditam ser exaltados acima das classes mais baixas, que eles vêem como a "Grande Escumalha".

As teorias da conspiração, por outro lado, já se foram há muito tempo, porque todos esses esquemas perversos podem ser lidos, ouvidos e vistos abertamente nas publicações de grandes grupos como o WEF. Embora alguns deles, tais como "Em 2030 você não terá nada e será feliz", foram tirados depois de causar uma sensação e tanto. Isso não vai impedir os burocratas autoritários de forçar este futuro terrível para você e para mim (mas não para eles mesmos) em 2030. (mas provavelmente muito antes).

A escassez de alimentos tem causado grande agitação social (e possivelmente guerra)

De qualquer forma, a escassez de alimentos e os custos crescentes são certos entre agora e 2024. Isto causará uma instabilidade social e política significativa", adverte Armstrong. "O mau trato do governo da UE pode ser a sua anulação. Afinal, como resultado de tal má administração, muitas pessoas perderam seu emprego como resultado de terem que ficar em casa durante a crise, e seu poder de compra despencou ao mesmo tempo. Este é o pior cenário e me faz pensar se esses líderes são realmente tão tolos, ou simplesmente tão astutos".

Acreditamos em ambos. Desonesto, porque esta crise sistêmica foi planejada para todos os propósitos, incluindo o controle total e a direção da grande mídia, com o objetivo de criar um super-Estado ditatorial da UE que será (e já é) uma mistura tecnocrática do antigo sistema soviético e da China comunista de hoje.

Estúpido, porque eles acreditam que seu golpe de "Grande Reset / Build Back Better / Green New Deal" contra a sociedade livre vai funcionar a longo prazo, de modo que, até 2030, os Bidens de nosso tempo terão cumprido sua utopia climática esperada. Evidentemente, estes indivíduos perderam seu senso de realidade, pois, caso contrário, eles deveriam perceber que com uma abordagem do tudo ou nada, nada de nossa civilização sobreviveria até 2030, no máximo.

Em qualquer caso, Armstrong acredita que o mundo não está preparado para uma crise alimentar, que certamente será desencadeada pela continuação das medidas atuais. A escassez de alimentos será mais grave nas grandes cidades. O alto IVA e impostos na Europa será o último prego no caixão para muitos. Então os supermercados não precisarão ser abastecidos por apenas alguns dias para que o pânico generalizado, a anarquia e a violência irrompam.

Segundo o economista, os especuladores do mercado de ações serão punidos, mas acreditamos que um infrator político, muito provavelmente o presidente russo Vladimir Putin, também será implicado. Se este for o caso, é conveniente se você já desencadeou um grande conflito regional, digamos, na Ucrânia, e talvez no Oriente Médio, antes disso. Afinal de contas, já vimos como as redes de abastecimento podem ser facilmente interrompidas por um único navio porta-contêiner (Canal de Suez).

Bill Gates é um dos colaboradores mais significativos para esta catástrofe.

Armstrong oferece então outra "teoria da conspiração", segundo a qual Bill Gates é agora o maior proprietário de terras agrícolas nos Estados Unidos. Verdade ou não, foi provado que ele 'comprou' a OMS e a tem no bolso, assim como o CDC americano e, provavelmente, todas as agências equivalentes na Europa. Além disso, ele tem estoque em todos os grandes negócios farmacêuticos e é a principal força por trás da parceria de vacinação da GAVI. Assim, embora Gates seja sem dúvida um dos colaboradores mais significativos para a catástrofe dos anos, a mídia ocidental, que ele co-controla, nunca será autorizada a publicar isso.

Centenas de milhares de fazendas desapareceram tanto na América como na Europa durante a última década, principalmente devido ao aumento constante dos impostos e às regras e legislação ambiental cada vez mais rígidas. Os governos conseguiram adquirir enormes extensões de terra a custos extremamente baixos para projetos como habitação, energia "sustentável" e "restauração da natureza". Esta estratégia antiagrícola de longa data ameaça amplificar a catástrofe alimentar que se aproxima.

A perda de 0,025 por cento da população mundial não justifica a ruína da economia global.

Entretanto, há uma pressa em imunizar a todos contra uma doença que não é mais fatal do que a gripe", acrescentou Armstrong. O número de vítimas fatais da Covid é tão exagerado que nossos políticos são as pessoas mais estúpidas ou mais enganosas do planeta". Durante a gripe espanhola, 50 milhões de pessoas morreram, representando 3,125 por cento da população mundial na época (1,6 bilhões). Atualmente há 7,8 bilhões de pessoas no planeta, e 2 milhões de pessoas falecidas respondem por apenas 0,02564 por cento disso. Isto não desculpa de forma alguma o colapso da economia global".

Os Acordos de Nuremberg foram ignorados e até mesmo revertidos.

"A grande mídia aplaude sem vergonha os lockdowns e aterroriza a população". Está ficando claro que as imunizações não protegem ninguém de pegar o Covid e podem até colocá-los em maior perigo se a população for dizimada por uma das novas mutações. Enquanto

132

isso, as empresas farmacêuticas estão completamente isoladas da responsabilidade. Todos os líderes internacionais concordaram em Nuremberg em proibir tais experiências médicas no povo em geral se ainda não tivessem sido (ou não tivessem sido devidamente) testadas em animais. As vacinas que estão sendo administradas não foram sequer testadas em ratos ou ratos".

(Isto se deve, em parte, ao pensamento "acordado" marxista de extrema esquerda, que despojou as pessoas de qualquer espiritualidade superior e as considera como nada mais do que uma máquina biológica incapaz de transcender a vida animal. De fato, ao utilizar os seres humanos como cobaias em vez de animais, as pessoas são posicionadas sob animais. Escusado será dizer que esta mente hedionda anti-humana abre caminho para um banho de sangue, um genocídio, como o mundo nunca viu antes e muito provavelmente nunca mais verá (já que restarão muito poucos de nós).

Capítulo 22: A próxima guerra mundial?

A reação russa às provocações dos bombardeiros americanos foi sem precedentes: três submarinos nucleares explodiram através do gelo polar ao mesmo tempo. Os Estados Unidos poderiam ser aniquilados em minutos a partir desse ponto de vista.

A tremenda situação na Ucrânia está agora chegando à mídia (alternativa). O analista Tom Luongo afirma agora que o Ocidente, liderado por Joe Biden, está se preparando para um confronto com a Rússia na Ucrânia, talvez logo após a Páscoa Ortodoxa (2 de maio). A razão fundamental é porque o Kremlin se recusa a assinar o plano climático do Fórum Econômico Mundial, das Nações Unidas e da União Européia para o Grande Reinício do Clima de 2030. Os políticos ocidentais enlouqueceram ao ponto de cometer o erro fatal de assumir que o Presidente Putin não ousará defender sua nação até a morte contra este golpe mundial. Ao fazer isso, Washington, Bruxelas e Haia estão deliberadamente se colocando em perigo de uma batalha nuclear em grande escala.

Agora, o tão desejado conflito contra a Rússia ameaça pôr fim à fantasia européia de um "paraíso climático" em 2030, que, de qualquer forma, terminaria anos mais cedo em um pesadelo terrível cheio de pobreza comunista e opressão tecnocrática para 99 por cento da população.

Quem é o verdadeiro "assassino sem alma"?

Biden tinha sido presidente apenas por alguns meses quando se referiu a Putin como um "assassino sem alma". O presidente russo respondeu com "é preciso conhecer um", em sua maneira habitual, calma e magistral, e depois convidou Biden para uma discussão direta.

Claro que Biden recusou, porque o demente Biden, que freqüentemente esquece onde está e com quem está falando durante os discursos (agora há filmagens mostrando-o com cartões na mão com fotos "quem é quem" neles, bem como um roteiro completo que ele tem que seguir), claramente não está à altura do líder russo. Os democratas estão bem cientes disso, e é por isso que eles querem mantê-lo o mais longe possível da imprensa.

"E depois houve aquela humilhante coletiva de imprensa no outro dia". Ele está concorrendo à reeleição em 2024? Ele nem sequer estará vivo nesse momento. Mas, ei, ele também não se candidatou em 2020, então qual é a diferença?" escarnece Luongo.

A retaliação russa às provocações americanas

De qualquer forma, as relações entre as duas superpotências têm sido "terríveis" desde a nomeação do falso presidente Biden em um golpe político vistoso. Os americanos não estão fazendo nada para mudar isso, na verdade, exatamente o contrário. Recentemente, Biden enviou bombardeiros estratégicos B-52 para lançar um ataque falso contra a Rússia através do Pólo Norte. Os jatos retornaram ao Canadá, mas uma resposta do Kremlin foi inevitável. Três submarinos nucleares russos (uma ocorrência única) romperam o gelo polar ao mesmo tempo. Desse ponto de vista, os Estados Unidos poderiam ser completamente aniquilados em quinze minutos.

Obama diz que a Ucrânia é "o projeto de Biden".

A Ucrânia é o "projeto de Biden", declarou Barack Obama. Os Bidens estão envolvidos em corrupção na Ucrânia, como temos exposto amplamente nos últimos anos.

De acordo com Luongo, a situação na Ucrânia é "muito mais perigosa" do que nos dizem. Já lhe demos anteriormente uma explicação possível e não é muito tranqüilizadora: a elite ocidental pode tentar sobrecarregar a população com um conflito repentino, apresentando-o falsamente como uma "greve surpresa russa", à qual "é claro, devemos responder prontamente". Talvez não lhe seja dado tempo para examinar o que está realmente acontecendo, que é que este conflito está apenas apoiando os interesses da elite climática "Great Reset", que deve ser empurrada às custas do público em geral.

A crescente guerra na Ucrânia é "tudo isso e muito mais". A iniciativa de admitir a Ucrânia na OTAN e na UE há muito tempo tem sido um objetivo de neocons como Victoria Nuland e neoliberais como Joe Biden. É um componente chave da ambição do Fórum Econômico Mundial de cercar a Rússia, obstruindo o objetivo da integração eurasiática que pode servir como um baluarte contra seu "admirável mundo novo".

O Ocidente deseja obrigar a Rússia e a China a se conformarem com o Grande Reposicionamento.

Biden convidou Putin e o presidente chinês Xi Jinping para uma reunião climática em abril, cuja agenda será ditada pelo Fórum Econômico Mundial. Como tanto Putin como Xi declararam que não se envolveriam na Grande Reposição e na Agenda 2030, bem como na "Quarta Revolução Industrial" de Klaus Schwab (na realidade, a Grande Desconstrução Industrial), esta reunião está fadada a fracassar desde o início (embora sem dúvida algumas palavras serão pagas, mas depois disso a Rússia e a China seguirão seus caminhos separados).

Esta cúpula parece ser uma enorme perda de tempo, porque todos em todo o mundo serão ameaçados com o que podem prever do Ocidente em termos de política - até que alguém finalmente ponha esses indivíduos lunáticos fora de sua miséria", disse Luongo. Por exemplo, o Reino Unido sob o ditador Boris Johnson está caindo cada vez mais em um pesadelo totalitário como resultado do Covid-19, enquanto a propaganda anti-russa está atingindo alturas recorde".

A guerra no Donbass, potencialmente já amanhã

A Ucrânia está "diretamente implicada em toda essa porcaria sobre a mudança climática". Putin também acredita que Biden não permitirá qualquer escalada na Ucrânia porque está amarrado a ela e deve completar o trabalho que iniciou em 2014 com a derrubada do (presidente democraticamente eleito) Viktor Yanukovich. Como resultado, testemunharemos algo muito pior do que a "campanha de biscoitos" de Victoria Nuland pela liberdade. Em breve teremos uma luta pelo Donbass, muito provavelmente logo após a Páscoa ortodoxa e o derretimento do inverno".

Segundo Luongo, Putin tem feito esforços tremendos para deter este ciclo descendente fatal, "porque ele entende aonde isto leva". Será um confronto no qual Putin terá que assistir a Ucrânia lançar uma guerra contra o povo de língua russa no Donbass e na Crimeia com apoio ocidental, ou interferir de qualquer forma, sabendo que o Ocidente usaria isso instantaneamente para pintá-lo como o 'agressor'.

O Ocidente está se preparando para uma escalada; a UE tem recusado o diálogo há anos.

O Ocidente, de acordo com Luongo, não tem outra escolha a não ser escalar, já que não tem nada a ganhar com o retorno à calma, à paz e à colaboração. "A Rússia deve ser subjugada ou destruída para que a Grande Reposição funcione e a Europa continue sendo um ator global importante". Isso implica o controle do Mar Negro e a conquista da Crimeia'.

O Ministro das Relações Exteriores russo Sergei Lavrov expressou recentemente a preocupação de que a UE não tenha mantido conexões diplomáticas com o Kremlin após a votação de 2014, na qual o povo da Crimeia declarou quase esmagadoramente que queria pertencer à pátria russa. "A diplomacia entre as grandes nações praticamente desapareceu". A simples relutância de Biden em se envolver em um diálogo aberto com Putin é uma grande preocupação".

O Grande Reset é dificultado pelo domínio eurasiático sobre petróleo e gás.

Tudo desde a 'corona' das medidas totalitárias e opressivas no Ocidente, incluindo a destruição gradual das PMEs e da liberdade, está de acordo com a 'Grande Reposição' do WEF, que inclui a destruição total da economia 'fóssil' e, com ela, o fim da segurança energética e da acessibilidade econômica para os cidadãos ocidentais.

Entretanto, se a produção de petróleo, gás e carvão continuar sob controle eurasiático, as ambições megalômanas dos atlantes nunca se tornarão realidade. Não lhes resta muito tempo para impor sua tirania mundial comunista do clima-vacina, uma vez que a oposição pública ocidental à devastação total de sua sociedade e de seu futuro cresce a cada dia.

O Ocidente não terá um final feliz para a guerra.

Se houver um conflito no Donbass nesta primavera, ele não terá uma conclusão agradável na qual a América (e a Europa) continuarão no poder no futuro, mas será o momento em que entenderemos que nossa descida à irrelevância se apressou".

Com um pouco de azar, esta deterioração pode até resultar em uma batalha nuclear, na qual a Rússia (talvez ajudada pela China) decide cortar a "cabeça da serpente", que tem sido uma ameaça cada vez maior à existência da humanidade por tanto tempo. Isto pode incluir um ataque nuclear (limitado) em cidades como Washington, Nova Iorque, Londres, Bruxelas e Roma (o Vaticano), assim como Los Angeles (Hollywood), Paris, Estrasburgo, Berlim, Frankfurt e Haia.

Podemos ter certeza de uma coisa: se dependesse de Vladimir Putin, nunca teria chegado a isso. Resta saber se haverá tempo suficiente para o medo, a fome de poder e a loucura que ultrapassaram completamente as cidades nomeadas para dar lugar a uma restauração da razão, da sobriedade e, o mais importante, a verdadeira preocupação com o poço e o futuro de todos os residentes. Infelizmente, os presságios para isso estão agora apontando na outra direção.

Se a China aderir, a 3ª Guerra Mundial é um fato!

Se a China se envolver em uma grande batalha com o Ocidente, como uma guerra com Taiwan, Japão e Austrália pode ser o alvo, e as hostilidades podem irromper entre a Coréia do Norte e do Sul, Índia e Paquistão, Índia e China, Irã e Arábia Saudita, e Irã e Israel. Então a Terceira Guerra Mundial se tornará uma realidade.

Por enquanto, estamos antecipando que a grande conflagração global final não ocorrerá até algum lugar entre 2025 e 2030. No entanto, todos verão que um conflito na Ucrânia poderá facilmente cair em todos os outros dominós muito mais cedo.

Capítulo 23: A pressão do Oriente?

Como os Estados Unidos responderiam ao apoio militar chinês para uma declaração de independência de Porto Rico?

Um porta-voz do Ministério da Defesa da China exigiu em uma declaração oficial que os Estados Unidos cortassem "todos os laços militares com Taiwan". Os Estados Unidos têm sido o maior fornecedor de armas de Taiwan durante anos. Pequim ainda considera a ilha uma província renegada que deveria se juntar novamente à China, não importa o que aconteça. Se os Estados Unidos se opõem a isso, "isso significa guerra".

A completa reunificação da China é uma necessidade histórica, e o grande rejuvenescimento da nação chinesa é uma tendência imparável", declarou Ren Guoqiang (foto). As aspirações comuns do povo são a paz e a estabilidade em todo o Estreito de Taiwan. Um 'Taiwan independente' é um beco sem saída, e uma tentativa de fazê-lo significa guerra'.

Os chineses estão exigindo que o governo de Washington retorne a um apoio intransigente à política de uma só China. Logo após a tomada de posse do Presidente Biden, os funcionários americanos falaram abertamente pela primeira vez sobre um "Taiwan independente", o que foi muito contra a vontade de Pequim.

Em 15 de junho, cerca de 28 aeronaves da Força Aérea chinesa, incluindo bombardeiros capazes de transportar armas nucleares, penetraram na zona de defesa aérea de Taiwan. Esta não foi de forma alguma a primeira vez que isto aconteceu, mas por um número tão grande.

Ontem, o ministro das Relações Exteriores de Taiwan, Joseph Wu, advertiu que o país deveria "se preparar" para uma possível invasão chinesa. "Não podemos correr riscos... Agora que o governo chinês diz que não rejeita o uso da força e está conduzindo exercícios militares em torno de Taiwan, então é mais provável que acreditemos que isso seja real".

Como os Estados Unidos reagiriam ao apoio chinês a um Porto Rico independente?

Do ponto de vista chinês, a situação é mais ou menos comparável a uma declaração de independência fictícia feita pela ilha caribenha de Porto Rico, que foi tomada pelos EUA em 1898. O governo federal de Washington então não reconhece esta independência, e a China começa a armar a ilha.

Como o regime em Washington reagiria? Dada a história dos EUA, presumivelmente com força bruta muito mais cedo do que os chineses poderiam fazer agora com Taiwan.

No entanto, acreditamos que todos os povos devem ter o direito à autodeterminação, ou seja, à verdadeira democracia. Não líderes, governos e instituições, mas os cidadãos devem ter a última palavra. No entanto, este não é o caso em nenhum lugar, certamente não no Ocidente, onde a democracia foi completamente desmantelada e é apenas uma farsa para uma tecnocracia cada vez mais autoritária.

Capítulo 24: Berlim é um alvo militar

"Em 4 semanas, uma Guerra Mundial poderá ser desencadeada na Ucrânia enquanto Putin envia 4.000 soldados e tanques para a fronteira", The Sun, o jornal tablóide mais famoso da Grã-Bretanha, recentemente manchete.

Quer cause agitação ou não, o anúncio de que a China logo enviaria 5.000 soldados para o Irã é extremamente perigoso. Além disso, Teerã demonstrou um míssil de cruzeiro capaz de atingir Berlim, e os mullahs garantiram seu apoio à Rússia no caso de a Ucrânia lançar um ataque frontal contra a Crimeia e o Donbass, desencadeando uma guerra liderada pela OTAN.

Somente um "psicanalista" pode entender os objetivos de Moscou, segundo o analista militar russo Pavel Felgenhauer, que também advertiu que os desenvolvimentos podem levar a uma guerra catastrófica dentro de um mês.

Toda a tristeza provocada pelo golpe de Estado de 2014

Em 2014, a CIA orquestrou um golpe violento na Ucrânia com a ajuda dos EUA e da UE. O presidente democraticamente eleito do país foi derrubado e substituído por uma ditadura de marionetes apoiada pelo Ocidente, que lançou uma guerra assassina contra a população de língua russa do país no Leste.

A fim de trazer a Ucrânia para a OTAN o mais rápido possível, foi realizado um ataque altamente provável de "bandeira falsa" em um avião de passageiros (MH17) voando de Amsterdã para a Malásia, que foi deliberadamente dirigido pelo controle de tráfego aéreo ucraniano sobre zonas de guerra.

O principal porto naval russo em Sevastopol (Crimeia) se perderia e, uma vez construídas as bases da OTAN na Ucrânia, as armas nucleares russas poderiam ser destruídas por mísseis americanos em um ataque surpresa em minutos, colocando o país indefeso.

A China despacha 5000 soldados para o Irã, que lançou um míssil capaz de atingir Berlim.

No entanto, está se formando um eixo que está farto de anos de racismo e guerras ocidentais lideradas pelos americanos, bem como de todas aquelas missões ostensivamente "de paz e democracia" que assassinaram milhões de pessoas apenas neste século. A República Islâmica do Irã, por exemplo, revelou um novo míssil de cruzeiro com um alcance de 3.000 quilômetros capaz de atingir Berlim no sábado passado.

Enquanto isso, a China anunciou gastos significativos bilhões de dólares no Irã, incluindo o envio de 5.000 soldados e o estabelecimento de novos postos avançados militares.

A luz já desaparecida do Ocidente está se apagando para sempre?

Em janeiro de 2018, a BBC no Reino Unido transmitiu um programa de notícias simuladas sobre o início de uma guerra entre a OTAN e a Rússia, com armas nucleares sendo lançadas após apenas uma hora. Um anúncio fictício semelhante da Terceira Guerra Mundial com a Rússia foi transmitido pela emissora pública alemã.

Chamemos isso de alarmismo ou programação preditiva, mas uma coisa é clara no início de 2021: nos últimos anos, só tivemos líderes, mídia e instituições no Ocidente, assim como em nosso próprio país, que só podem mentir e enganar friamente sobre questões importantes, seja sobre a Rússia, o coronavírus, as vacinas ou o clima. A luz, assim como seus líderes, desapareceu há muito tempo para aqueles que caem nisso com os olhos abertos e/ou às vezes até pensam que é uma coisa boa. Pior, o que antes era luz foi renomeado escuridão, e o que era escuridão foi renomeado luz.

Rússia, China e Irã estão todos sob fogo, mas não está claro quanto tempo o Ocidente ainda tem para tomar juízo, olhar no espelho e admitir quão longe caímos como uma chamada "civilização avançada". Se continuarmos no ritmo atual, não serão mais de 10 anos e, se o Sol estiver correto por uma vez, não serão mais de 10 semanas. Quando esta catástrofe mais provável

147

ocorrer, será inesperada para a grande maioria de nós,
e totalmente nossa própria responsabilidade, em nossa
opinião.

ocorrer, será inesperada para a grande maioria de nós,
e totalmente nossa própria responsabilidade, em nossa
opinião.

Capítulo 25: O Ocidente contra a Rússia

A "ameaça extremamente séria à segurança nacional" está a apenas um passo de declarar guerra.

Por causa da "ameaça única e sem precedentes que a Rússia representa para a segurança nacional, a política externa e a economia dos Estados Unidos", o presidente americano Joe Biden proclamou um "estado de emergência nacional". Os Estados Unidos estão expulsando dez diplomatas russos e implementando novas restrições. A Rússia está preparando intensivamente seu exército e frota para um grande conflito (global), o que preocupa - e com razão - que os americanos, cada vez mais agressivos, estejam prontos para começar.

As únicas pessoas que se colocaram no caminho da "Grande Reposição" dos globalistas ocidentais foram Trump e Putin. Trump foi exonerado graças à maior fraude eleitoral da história; agora é a vez da Rússia. Os loucos tecnocratas neo-marxistas da América e da Europa pareciam acreditar que podem ganhar uma guerra contra a Rússia sem causar muitos danos.

A Rússia está se preparando para a guerra.

Como resultado, a Rússia irá expulsar um grande número de diplomatas americanos. O Estreito de Kerch, que liga a península da Crimeia e o continente russo, será fechado a todos os barcos da marinha e de propriedade estrangeira a partir da próxima semana.

O fechamento durará até outubro e afetará principalmente as cidades portuárias ucranianas de Mariupol e Berdyansk.

Perto da fronteira ucraniana, veículos blindados e caminhões russos foram vistos com as chamadas "listras de invasão". Listras brancas claras são pintadas nos veículos para protegê-los de serem abatidos por seus próprios aviões e tanques. Isto parece indicar que a Rússia está realmente considerando pôr um fim à administração neonazista apoiada pelo Ocidente em Kiev, que, como nossos leitores sabem, vem tentando há anos criar uma guerra maciça entre a OTAN e a Rússia.

A Ucrânia alega que mais de 110.000 soldados russos, 330 aviões e 240 helicópteros estarão estacionados ao longo de sua fronteira. Kiev alega que a Rússia está transferindo armas nucleares para a Crimeia, mas nós temos nossas dúvidas. De fato, a Rússia não é obrigada a fazê-lo; a Ucrânia poderia teoricamente ser aniquilada por armas nucleares lançadas de qualquer parte do planeta.

A maioria da frota russa do Pacífico retornou a Vladivostok e está sendo devidamente reabastecida lá, de acordo com imagens de satélite. Pelo menos um navio de guerra naval está recebendo "novos" mísseis a bordo. Isto sugere que a Rússia espera que qualquer conflito vá além da Ucrânia e para o resto do mundo.

Parece que um choque militar entre os EUA e a Rússia é apenas uma questão de tempo.

Agora que o presidente dos EUA classificou a Rússia como "perigo para a segurança nacional", e Biden deu o comando para responder a essa "ameaça", o confronto militar que Washington e Bruxelas há muito desejam parece ser apenas uma questão de tempo, potencialmente a apenas algumas semanas de distância.

O Presidente Putin há muito reconheceu como o Ocidente opera e, como resultado, recusou a oferta de uma reunião com o Vice Presidente Joe Biden. Isto nada mais seria do que a mundialmente famosa diplomacia ocidental de chantagem ("queremos a paz, mas somente nos nossos termos, e se não concordar, nossas bombas e mísseis se seguirão"), que tem ceifado a vida de milhões de pessoas somente nas últimas duas décadas.

"Os neocons belicistas estão fazendo exatamente o que tiveram que parar de fazer em 2016, quando a vitória de Trump destruiu seus preparativos satânicos para a guerra com a Rússia... Depois houve muitos que afirmaram que Trump era perigoso', diz Hall Turner, um apresentador de rádio americano. Este louco senil vai ser a ruína de todos nós', diz Biden.

151

Presumivelmente não precisamos explicar o que isto diz sobre o estado mental dos líderes europeus, que ficaram tão chocados quando este "meio-bronzeado" belicista conseguiu lutar contra o Trump que eles desprezavam fora da Casa Branca, nem parecem se importar com o que acontece com você, comigo e com centenas de milhões de outras pessoas.

Ocasio-'New Deal de Cortez Verde' implica 'a extinção de toda a vida na Terra' - 'Se os combustíveis fósseis forem abolidos, todas as árvores do planeta serão cortadas'.

O Dr. Patrick Moore, co-fundador da Greenpeace, bateu Alexandria Ocasio-Cortez (foto), a nova querida da esquerda "progressista" da América. O "Socialista Democrático" propôs um "New Deal Verde", que custaria dezenas de bilhões de dólares e, de acordo com muitos detratores, devolverá os Estados Unidos à civilização pré-industrial. Moore chamou Ocasio-Cortez de "hipócrita" e de "idiota pomposo" porque a execução de sua exigência de eliminação gradual dos combustíveis fósseis - que a administração européia já começou a fazer com o fechamento do gás natural - resultará em "fatalidades em massa".

Moore deixou "seu" Greenpeace anos atrás quando a organização ambiental foi desviada de dentro por anarquistas de extrema-esquerda como Ocasio-Cortez.

Todos os vôos e automóveis devem ser aterrados (exceto o seu próprio)

O "Green New Deal" propõe que os Estados Unidos abandonem toda a dependência do petróleo, do gás e da energia nuclear. Os trens devem substituir o transporte aéreo (mesmo através dos mares), e 99% de todos os automóveis devem ser eliminados gradualmente.

É claro que, com exceção da classe governante, as coisas continuaram como habitualmente. De acordo com o New York Post, Ocasio tem uma enorme "pegada de carbono", em parte porque seu pessoal de campanha depende quase inteiramente de automóveis a gasolina normais. Ela voou 66 vezes entre maio de 2017 e dezembro do ano passado, em comparação com apenas 18 vezes por trem, o que, se ela tivesse seu caminho, todos seriam obrigados a converter para.

Os fundos socialistas continuam a pressionar por moradias gratuitas.

Além disso, cada estrutura nos Estados Unidos terá que ser amplamente modificada ou possivelmente reconstruída para cumprir as normas climáticas extremamente rigorosas. Cortez propõe o financiamento de milhões de posições governamentais por este motivo. Aqueles que não desejam trabalhar serão, a propósito, livres para ficar em casa e não serão mais obrigados a pagar custos de moradia. Mas quem desejaria isso?

Como a "AOC" pretende financiar sua utopia verde? Simplificando, a única maneira de pagar seus planos draconianos e enormemente caros é ligar as prensas de dinheiro. Porque "vamos acertar desta vez", afirmou Cortez em uma entrevista anterior, o fato de que este socialismo resultou em pobreza e miséria generalizada ao longo da história não deve ser uma preocupação.

"Este plano implica a aniquilação de toda a vida". Brilhante".

De acordo com o Green New Deal, todas as emissões de gases de efeito estufa devem ser eliminadas do meio ambiente. A resposta de Moore: "Tecnicamente (cientificamente) falando, isto implica eliminar todo vapor de água e todo CO2, o que implica erradicar toda a vida". Brilhante".

Se você não gostar do acordo, deve apenas apresentar sua própria proposta ousada para enfrentar a catástrofe climática global', disse a AOC em tweet mais tarde. Até lá, nós estamos no comando, e você está simplesmente gritando das arquibancadas'.

O esgotamento dos combustíveis fósseis resultará em mortes em massa".

Moore retorquiu, "pomposo idiota". Você não tem estratégia para alimentar 8 bilhões de pessoas sem utilizar combustíveis fósseis, ou para entregar alimentos nas cidades. Cavalos? Se os combustíveis fósseis forem proibidos, todas as árvores do planeta serão derrubadas para fornecer combustível para cozinhar e para aquecimento. Matará muita gente... Você não é nada mais que um hipócrita como os demais, com competência ZERO em qualquer campo em que você afirma ser conhecedor".

Você está sofrendo de ilusões se pensa que os combustíveis fósseis desaparecerão a qualquer momento", acrescentou Moore mais tarde em resposta a um tweet de outro fanático do clima que disse que "o fim dos combustíveis fósseis é certo". Talvez daqui a 500 anos". A atitude da AOC é imprudente e insultuosa. Ela é uma novata que finge ser inteligente. Se sua espécie estiver no comando, ela nos arruinará'.

Nossos outros livros

Confira nossos outros livros para outras notícias não relatadas, fatos expostos e verdades desmascaradas, e muito mais.

Junte-se ao exclusivo Rebel Press Media Circle!

Você receberá novas atualizações sobre a realidade não relatada, entregues em sua caixa de entrada todas as sextas-feiras.

Inscreva-se aqui hoje:

https://campsite.bio/rebelpressmedia

www.ingramcontent.com/pod-product-compliance
Lightning Source LLC
La Vergne TN
LVHW011014200726
843509LV00011B/1092